Z 33021

Dijon
1800-1803
Bacon, François
Œuvres

janvier   Tome 6

乙 2410
E.--C.

33 ㄱ仁

ŒUVRES
DE
FRANÇOIS BACON,
CHANCELIER D'ANGLETERRE.
TOME SIXIÈME.

OEUVRES

DE

FRANÇOIS BACON,

CHANCELIER D'ANGLETERRE,

TRADUITES PAR Ant. LASALLE;

Avec des notes critiques, historiques et littéraires.

TOME SIXIÈME.

A DIJON,

DE L'IMPRIMERIE DE L. N. FRANTIN.

AN 8 DE LA RÉPUBLIQUE FRANÇAISE.

NOVUM ORGANUM

DES SCIENCES.

CHAPITRE II.

Prérogatives des faits, relatifs aux sens, ou destinés à provoquer, faciliter, étendre, diriger, rectifier, suppléer et rendre continue l'observation directe.

XXXVIII.

CE chapitre traite de cinq *ordres*, ou classes d'exemples, que nous comprenons sous la dénomination générale d'exemples de la *lampe*, ou de *première information*, et dont la destination est de prêter secours aux sens. En effet, comme l'interprétation de la nature, partant des sens et de leurs perceptions, conduit, par un chemin droit, sûr et toujours le même, aux perceptions de l'entendement, qui constituent les notions justes et les vrais axiômes, il s'ensuit évidemment que plus les représentations mêmes des sens sont exactes et multipliées, plus ensuite les opérations de l'esprit sont faciles et sûres. Or, chacune de ces espèces d'exemples a sa destination propre et particulière. Ceux de la première espèce *fortifient, étendent* et *rectifient* les actions immédiates des sens. Ceux de la seconde espèce *rendent sensible* ce qui, sans leur secours, *échapperoit aux sens*. Ceux de la troisième espèce indiquent ces *progrès continus,* ou *séries de corps et de mouvemens* qu'on n'observe ordinairement que dans leurs *résultats* et leurs *périodes* (1). Ceux de la quatrième espèce, lorsque les sujets d'observation directe manquent absolument, fournissent

---

(1) Qu'on n'observe ordinairement que dans leurs résultats complets, et dans la totalité de leurs périodes.

aux sens des espèces d'*équivalens* (1). Enfin, ceux de la cinquième espèce éveillent, pour ainsi dire, le sens, l'excitent à l'attention, et de plus ils *limitent* la *subtilité des choses* (2). Nous allons traiter successivement et en détail de ces différentes espèces d'exemples.

XXXIX.

Nous mettrons au seizième rang, parmi les prérogatives des faits, les exemples *de la porte*. Sous cette dénomination, nous comprenons tous ceux qui aident et facilitent l'action immédiate des sens. Or, il n'est pas douteux que, parmi les sens, c'est celui de la vue qui joue le premier rôle ; aussi, c'est princi-

---

(1) A l'aide de ces exemples, ce qu'on ne peut observer directement dans les sujets imperceptibles qui sont l'objet d'une recherche, on tâche de l'entrevoir et de le deviner, en observant des sujets sensibles et analogues à ces premiers sujets.

(2) Ils montrent que la division et la subdivision des corps et des mouvemens, a un terme et des limites.

palement à celui-là qu'il faut tâcher de procurer des secours de toute espèce. Ces secours peuvent être de trois genres; ils peuvent mettre en état, ou de voir ce qu'auparavant on ne voyoit point du tout, ou de découvrir de plus loin les objets, ou enfin de les voir plus *exactement* et plus *distinctement*. Sous le premier genre (pour ne rien dire des *bésicles* (1) et autres semblables instrumens, qui, ne servant qu'à remédier à la foiblesse de la vue et à la mauvaise conformation de l'organe, ne nous apprennent d'ailleurs rien de nouveau (2),)

---

(1) Ce mot a vieilli; mais je suis forcé de le rajeunir; car, lorsque nous parlons au pluriel et de ces lunettes dont il parle ici, et de celles qui servent à voir les objets éloignés, nous n'avons plus, dans la langue vulgaire, de mots pour les distinguer.

(2) Ils nous apprennent ce que nous ne pouvons apprendre sans le voir, et ce que, sans le secours de ces instrumens, nous n'aurions pas vu. J'aimerois autant dire d'un médecin qui a guéri un paralytique, qu'il lui a rendu l'usage de ses bras

nous comprenons ces instrumens de nouvelle invention (les *microscopes*), qui amplifient prodigieusement les images, et à l'aide desquels on découvre les parties imperceptibles des corps, leurs textures les plus délicates et leurs mouvemens les plus secrets. Ce n'est pas sans admiration, qu'armé d'un tel instrument, on voit nettement la figure exacte, les contours bien terminés, la couleur et les mouvemens d'une puce, d'une mouche, du plus petit insecte, en un mot, une infinité d'objets qui seroient tout-à-fait invisibles à l'œil nud. On dit même qu'une ligne droite, tracée avec la plume ou le pinceau, et considérée à l'aide de cet instrument, paroît toute tortueuse, toute composée de petites lignes courbes ou brisées; les mouvemens de la main, quoique guidée par une règle, ni les traits de l'encre ou de la couleur n'é-

---

ou de ses jambes, et rien de plus. Les bésicles sont, pour les vues foibles, ce que les télescopes sont pour les bonnes vues.

tant rien moins qu'égaux et uniformes; inégalités toutefois si petites, que, sans le secours d'un pareil instrument, il seroit impossible de les appercevoir. Il est même je ne sais quelle observation superstitieuse que les hommes ont ajoutée à tout ceci (comme ils ne manquent guère de le faire, en parlant de toutes les nouveautés qui ont quelque chose de merveilleux); ils prétendent que ces instrumens font ressortir les ouvrages de la nature, en rabaissant ceux de l'art; ce qui ne signifie autre chose, sinon que les textures naturelles sont plus délicates et plus parfaites que les tissus artificiels, dont ces instrumens, qui rendent sensibles les plus petits objets, mettent à portée de découvrir les moindres défauts. Leur effet, à cet égard, est si étonnant, que si Démocrite en eût essayé un, il eût tressailli, et se fût imaginé qu'on venoit de découvrir un moyen pour appercevoir ces atômes qu'il avoit pourtant déclarés tout - à - fait invisibles. Mais, après tout, ces mêmes instrumens, ne pouvant servir que pour des objets extrêmement petits, et étant même insuffisans pour ceux de cette dernière espèce, dès qu'ils font partie de corps un peu grands, leur usage est très borné. Ah! si l'on pouvoit étendre cet usage aux petites parties de ces corps, et de manière que le tissu du linge parût comme un filet, et qu'on pût distinguer les moindres parties, les inégalités insensibles, les différences imperceptibles (à la vue simple) des pierres précieuses, des liqueurs, des urines, du sang, des blessures, et d'une infinité d'autres objets, ce seroit alors véritablement que ces instrumens deviendroient d'une grande utilité (1).

―――――――――

(1) Cet inconvénient dont il parle, n'a plus lieu pour les liqueurs, qu'on a depuis observées avec tant d'exactitude, qu'on sait aujourd'hui de combien de parties est composé un globule du sang, et de quelle figure sont ces parties. Quant aux solides, on a encore presque entièrement levé cet inconvénient, soit en les coupant par tranches extrêmement minces, et demi-transparentes, lors-

Du second genre, sont ces autres instrumens, dont l'invention est due à Galilée (1); instrumens qui, tenant lieu de vaisseau ou d'esquif, servent à entretenir un commerce plus étroit avec les corps célestes, et à les considérer de plus près. Graces à cette invention, l'on sait

---

que cela est possible, soit en les éclairant en dessus, à l'aide d'un miroir concave argenté; ce qui permet de placer successivement au foyer de la lentille objective, et met en état de voir nettement les différentes parties d'un objet assez grand.

(1) Les télescopes de réfraction, ou lunettes astronomiques, composées d'un objectif et d'un oculaire, tous deux convexes. Galilée est bien le premier qui ait construit une lunette astronomique proprement dite; mais il n'est pas le premier qui ait découvert la propriété de la combinaison d'un objectif convexe avec un oculaire convexe ou concave. Il paroît que nous en devons le premier apperçu à un lunetier d'Alkmaër en Hollande, à qui le hazard en fit présent; ses enfans, dit-on, s'étant apperçus qu'en regardant un clocher à travers deux verres de lunette, de foyers très différens et parallèles entr'eux, cette disposition en amplifioit et en rapprochoit l'image.

déja que la voie lactée n'est qu'un amas de petites étoiles, toutes aisées à distinguer et à compter; ce dont les anciens n'avoient eu que le simple soupçon.

C'est encore à l'aide de cet instrument qu'on s'est assuré que ces espaces qu'on nomme les orbites des planètes, ne sont pas entièrement dégarnis d'étoiles, mais qu'on en trouve çà et là quelques-unes, avant d'arriver au ciel étoilé, proprement dit (1); mais ces étoiles sont trop petites pour être apperçues sans lunettes astronomiques. Ce sont ces mêmes instrumens qui ont fait découvrir ces petites étoiles qui semblent servir de cortège à la planète de Jupiter (2); découverte qui porte à croire que les mouvemens des étoiles ont plusieurs centres différens (3). Armés de

---

(1) Quelle astronomie!

(2) Il veut parler des satellites de Jupiter que Galilée avoit déja découverts; au mot *étoile*, il faut substituer presque par-tout le mot *planète*.

(3) Comme il nie la réalité du mouvement diurne de la terre; ce passage doit être ainsi pa-

ces lunettes, nous distinguons, dans les taches de la lune, les parties claires d'avec les parties obscures, et nous déterminons la position des unes et des autres, au point qu'on peut faire une sorte de *sélénographie* (1). De là enfin, la découverte des taches du soleil (2), et quelques autres semblables; toutes inventions mémorables, autant néanmoins qu'on peut ajouter foi à des observations

---

raphrasé : *Que la terre n'est pas l'unique centre, le centre commun autour duquel toutes les planètes font leur révolution ; mais qu'il en est qui tournent autour d'autres planètes (par exemple, les satellites de Jupiter autour de cette planète).*

(1) Cette sélénographie a été faite ; et l'on a même adopté ce nom qu'il donne à la description de la surface de cette moitié de la lune qui est constamment tournée vers la terre : on trouve cette carte dans chaque volume de la connoissance des temps.

(2) Par le père *Scheiner :* c'est en observant ces taches, qu'on a découvert la révolution du soleil (en vingt-cinq jours et quelques heures) autour du centre commun de gravitation de tout notre système.

de cette nature, qui nous paroissent un peu suspectes, par cette raison sur-tout qu'on s'en est tenu à ce petit nombre de découvertes, et qu'on n'a pas su découvrir, par le même moyen, une infinité d'autres choses qui ne méritoient pas moins d'être observées (1).

Du troisième genre, sont ces instrumens qui servent à mesurer la terre, les astrolabes et autres semblables, qui n'augmentent point la portée du sens de la vue, mais qui rectifient et dirigent les observations de ce genre (2). Il existe sans doute d'autres exemples du

---

(1) Mauvais raisonnement. Les observations qu'on n'a pas faites ne sont point une raison pour douter de celles qu'on a faites : l'on peut avoir vu très nettement tout ce qu'on a observé, et n'avoir pas observé tout ce qu'on auroit pu voir.

(2) Sous ce genre, il faut comprendre tous les instrumens d'arpentage et d'astronomie, etc. Voyez *Bion, instrumens de mathématiques; le recueil des machines présentées à l'Académie des sciences*, les meilleurs traités d'hydrographie, d'astronomie, de trigonométrie-pratique, etc.

même genre, ou d'autres moyens d'aider les sens, quant à leurs actions propres et immédiates; mais si d'ailleurs ils ne peuvent nous procurer de nouvelles connoissances, comme alors ils ne se rapportent point à notre objet actuel, nous n'avons pas dû en faire mention.

XL.

Nous mettrons au dix-septième rang les exemples *de citation;* terme emprunté du barreau, et auquel nous donnons une signification analogue, parce que les exemples de ce genre *citent,* en quelque manière, et *assignent à comparoître* ce qui n'a pas encore *comparu* (1). Nous les désignons aussi quel-

---

(1) Le lecteur doit être d'autant moins étonné de voir si souvent notre chancelier appliquer avec assez de justesse les termes de jurisprudence, au sujet qu'il traite dans cet ouvrage, que ce sujet a en effet beaucoup d'analogie avec ceux dont il étoit journellement occupé par état. Car un *délit* est un *fait* dont l'intention du *coupable* est la *cause;* un *testament* est aussi un *fait* dont les dernières volon-

quefois par la dénomination d'exemples d'*évocation ;* ce sont ceux qui ramènent à la portée des sens les objets qui, sans ce secours, leur échapperoient.

Or, ce qu'on veut observer échappe aux sens ;

Ou parce que l'objet se trouve placé à une trop grande distance ;

Ou parce que l'action de cet objet est interceptée par les corps intermédiaires, par des obstacles ;

---

tés du *testateur* sont encore la *cause*. Une loi est une *règle impérative* et sanctionnée par une *peine* ou une *récompense*, ou l'une et l'autre; laquelle est fondée sur un *principe* qui a pour base l'*observation* et l'*expérience* de tel *besoin* général ou local de l'*humanité*, et des *moyens* de le satisfaire, etc. Ainsi la science de l'homme de loi, et cette partie de la logique qui a pour objet la recherche des causes, ont beaucoup de règles communes, et peuvent s'éclairer mutuellement. C'est ce que j'ai souvent vérifié en détail avec *Hérault de Séchelles* (ci-devant avocat général au parlement de Paris), une des innombrables victimes de cette révolution.

Ou parce que l'objet n'est pas de nature à faire impression sur le sens dont il s'agit;

Ou parce qu'il est en trop petite quantité pour ébranler suffisamment l'organe du sens;

Ou parce que le temps de son action ne suffit pas pour éveiller le sentiment, et faire naître la sensation actuelle;

Ou parce que le sens ne peut soutenir l'impression, le choc de l'objet;

Ou enfin, parce que le sens est déja rempli et frappé d'un autre objet, qui ne laisse plus de place à une nouvelle impression.

Or, ces différentes causes ou circonstances se rapportent principalement à la vue et au tact, les deux sens auxquels nous devons les plus amples informations, et sur des objets qui leur sont communs; au lieu que chacun des trois autres sens ne nous procure que des informations immédiates, et sur des objets qui lui sont propres et particuliers.

Le premier genre de déduction n'est

possible que lorsqu'à l'objet qu'on ne peut voir, à cause de sa trop grande distance, on ajoute ou substitue quelqu'autre objet qui peut exciter, agacer, pour ainsi dire, le sens, et de plus loin. Telle est la destination de ces *signaux* qu'on se fait à de grandes distances, à l'aide des *feux*, des *cloches*, et par d'autres moyens semblables.

La déduction du second genre a lieu quand ce qui se passe à l'intérieur d'un corps, et que l'interposition des parties extérieures empêche de voir, est rendu sensible par les effets extérieurs et par les fluides déterminés au dehors. C'est ainsi que l'état de l'intérieur du corps humain se manifeste par le pouls, les urines et autres signes de cette espèce.

Mais les déductions du troisième et du quatrième genre ayant un objet fort étendu, et menant à une infinité de conséquences, il en faut chercher des exemples dans toute la nature, et dans des sujets de toute espèce; car on n'en sauroit rassembler en trop grand nombre.

Par exemple, on sent aisément que l'air, les esprits, et autres semblables substances, qui, dans leur totalité, sont très ténues et très subtiles, sont, par cela même, invisibles et impalpables. Ainsi, dans les recherches qui ont pour objet les substances de cette espèce, on ne peut absolument se passer de substitutions.

Soit donc la nature en question, l'*esprit renfermé dans les corps tangibles.* Car tous les corps tangibles que nous connoissons, renferment un esprit invisible et impalpable, auquel ils servent d'*enveloppe* et comme de *vêtement*, d'où résultent trois genres ou modes d'action, qui sont la triple source des puissans effets de l'esprit sur le corps tangible. Lorsque cet esprit, renfermé dans le corps *tangible, s'exhale*, il *contracte* ce corps et le *dessèche* : s'il y est *détenu*, il l'*amollit* ou le *liquéfie* : enfin, n'est-il ni *tout-à-fait émis*, ni *tout-à-fait détenu*; alors il *figure*, il *forme des membres*, il *assimile*, il *évacue*, il *or-*

ganise. Or, toutes ces différentes actions sont rendues sensibles par leurs effets extérieurs.

En effet, l'esprit qui se trouve renfermé dans tout corps inanimé, commence par se multiplier lui-même; il ronge, pour ainsi dire, celles des parties tangibles qui, par leur disposition actuelle, lui donnent le plus de prise; il les digère, il les transforme, il les convertit en sa propre substance, et s'exhale avec elles. Cette confection et cette multiplication de l'esprit devient sensible par la diminution du poids. Car, dans toute dessiccation, il y a une diminution de quantité, un déchet; et ce déchet ne se prend pas sur l'esprit déja formé et préexistant dans le composé, mais sur les parties mêmes qui étoient tangibles, et qui viennent d'être converties en esprit; *l'esprit*, proprement dit, étant absolument *sans pesanteur*. Et alors la sortie ou l'émission de l'esprit est rendue sensible par la *rouille* dans les métaux, et par d'autres *putré-*

factions de ce genre, qui ne sont que *commencées*, et qui ne vont pas jusqu'au point où *s'ébauche la vivification*; celles de la dernière espèce se rapportant au troisième genre d'action. En effet, dans les corps très compacts, l'esprit ne trouvant point de pores, d'issues par où il puisse s'échapper, est forcé d'attaquer les parties tangibles, de les heurter, de les détacher les unes des autres, et de les chasser devant lui, de manière qu'enfin il s'échappe avec elles. C'est ainsi que se forment la rouille et autres substances de cette nature (1).

---

(1) En mettant moins d'esprit et sur-tout moins de suppositions gratuites et mystérieuses dans l'explication de ce phénomène, ne suffiroit-il pas, pour en rendre raison, de dire que les *acides* flottans dans l'air et dans l'eau, attaquent et *dissolvent* continuellement la surface de ces métaux, et y forment cette espèce de *chaux métallique*, qu'on appelle la *rouille*? Ces acides, il est vrai, sont *très foibles* et en très *petite quantité*; mais la *continuité* ou la *réitération* de leur action peut en compenser la foiblesse.

Mais la contraction des parties tangibles, après l'émission d'une partie de l'esprit (émission d'où s'ensuit cette dessiccation dont nous parlions ci-dessus); cette contraction, dis-je, est rendue sensible par la dureté même du corps, qui alors est augmentée; mais plus encore par les fentes, les gerçures, le rétrécissement, les rides et les plis des corps; tous effets résultant de cette contraction. Par exemple, certaines parties du bois se déjettent et se resserrent; les peaux se rident; et ce n'est pas tout que ces rides; mais lorsque, par l'action d'une forte chaleur, l'émission de l'esprit est subite, ces peaux se contractent si promptement, qu'elles vont jusqu'à se plier et se rouler sur elles-mêmes.

Au contraire, lorsque l'esprit, quoique retenu, ne laisse pas d'être dilaté et excité par la chaleur ou toute autre cause analogue, effet qui a lieu dans les corps très solides et très tenaces, tels de ces corps, comme le fer chauffé jusqu'à l'incandescence, s'amollissent seulement;

d'autres, tels que certains métaux, deviennent coulans; d'autres enfin, tels que les gommes, la cire ou autres substances semblables, deviennent tout-à-fait liquides. Ainsi, ces effets, en apparence si contraires, de la chaleur qui durcit certains corps, et en liquéfie d'autres, se concilient très bien par cette explication, surtout si l'on considère que, dans les corps qui se durcissent, il y a émission d'esprit; au lieu que, dans ceux qui s'amollissent ou se liquéfient, cet esprit est retenu et seulement agité dans les limites du composé; que le premier de ces deux phénomènes à concilier est l'effet propre de la chaleur et de l'esprit; et le dernier, l'effet du simple rapprochement des parties tangibles; rapprochement dont l'émission de l'esprit n'est que la cause occasionnelle.

Mais si l'esprit, n'étant ni tout-à-fait retenu, ni tout-à-fait émis, il s'agite seulement et s'essaie, pour ainsi dire, dans les limites du corps où il est comme emprisonné; si de plus il trouve sous sa prise des parties tangibles, souples, obéissantes, promptes à courir par-tout où il agit, et à suivre tous ses mouvemens, alors il en résulte une configuration régulière, et la formation d'un corps organique avec tous ses membres et toutes les autres actions vitales, tant dans les végétaux, que dans les animaux. Tous ces effets sont ramenés à la portée des sens par des observations exactes et suivies sur les premiers essais, les ébauches et les *rudimens* de la vie, dans les animaux qui naissent de la putréfaction ; par exemple, sur les œufs des fourmis, sur les vers, les mouches et les grenouilles qui paroissent après la pluie (1). Or, deux conditions sont né-

---

(1) Si l'insecte ou l'animal plus grand qui provient d'un œuf, ne laisse pas de naître de la putréfaction, alors le fétus qui s'engendre dans la matrice, espèce d'œuf intérieur, adhérant à la femelle, et perpétuel, naîtra aussi de la putréfaction, et elle sera la matrice commune de tous les animaux. Il veut dire apparemment que l'insecte ne commence à se former dans l'œuf qu'à l'épo-

cessaires pour que la vivification ait lieu; savoir : une *chaleur douce* et une *matière visqueuse;* l'une, de peur qu'une dilatation trop subite ne force l'esprit à s'échapper; l'autre, afin que la roideur des parties n'oppose pas trop de résistance à son action expansive, et qu'au contraire il puisse les fléchir, les figurer, les mouler comme une cire.

Une autre différence bien importante, et qui a une infinité d'applications, c'est celle-ci : on peut distinguer *trois espèces* ou *modes d'esprit;* savoir: *l'esprit entrecoupé* (1), *l'esprit simplement rameux* (*ramifié, branchu*); enfin, *l'esprit tout à la fois rameux et distribué en différentes cellules* (*ventricules, petites cavités, réservoirs*): le premier, est celui de tous les corps *inanimés;* le second, celui des *végétaux;* le troisième,

---

que où la substance qu'il renferme, subit un certain genre ou mode de putréfaction.

(1) Disséminé entre les parties tangibles, et dont les particules ne sont pas contiguës.

celui des *animaux* (*a*). Or, ces différences, il est beaucoup d'exemples déductifs à l'aide desquels on peut les mettre comme sous les yeux.

On conçoit aussi que les configurations et les textures les plus délicates des corps (quoique ces corps, pris dans leur totalité, soient visibles et palpables), ne laissent pas d'être impalpables et invisibles. Ainsi, la recherche qui a pour objet ces textures, doit procéder aussi par voie de déduction. Mais, parmi ces différences de texture et d'intime constitution, la plus radicale, la différence vraiment *primaire* (1), c'est celle qui se tire de la plus grande ou de la moindre quantité de matière comprise dans le même espace ou sous les mêmes dimensions. Car, ces autres différences, qui se rapportent, soit à la *dissimilarité* des parties constitutives d'un même

---

(1) Ce mot commence à vieillir; mais heureusement il s'est sauvé de la politique dans la métaphysique.

corps, soit à leurs différentes situations ou positions; ces différences, dis-je, ne sont que *secondaires*, par rapport à celle dont nous parlons (1).

---

(1) Tout homme qui fixera son attention sur le croisement et l'entrelacement perpétuel de tous les élémens primitifs, portant par-tout avec eux les qualités primordiales qui leur sont inhérentes, et sur la contiguité immédiate ou médiate de toutes les parties de l'univers, ne sera point étonné de nous entendre affirmer sans cesse que *tout tient à tout*, et *qu'il y a de tout dans tout*; deux principes dont la conséquence nécessaire et immédiate est que toute la *diversité* des composés dépend de la *quantité* et de la *situation* de ces élémens. Encore le premier point rentre-t-il dans le second ; car, si tel corps a telle quantité de matière, c'est parce que les élémens qui le composent se trouvent *là* tous réunis, au lieu d'être tous *dispersés*; ou les uns *là*, et les autres *ailleurs*. Que d'autres élémens viennent se joindre à ceux-ci, la quantité de matière de ce composé sera augmentée; si, au contraire, quelques-uns s'en détachent, cette quantité sera diminuée. Ainsi, la différence vraiment *primaire* n'est pas celle qui dépend de la plus grande ou de la moindre *quantité de matière*, mais celle qui dépend de la *situation* des

Soit donc la nature en question, l'expansion ou la contraction de la matière dans les différens corps, ou leur densité respective, c'est-à-dire, la quantité de matière qu'ils contiennent sous un volume déterminé. En effet, tout, dans la nature, démontre ces deux principes: *rien ne se fait de rien, rien ne s'anéantit;* mais la quantité proprement dite, ou la somme totale des parties de la matière, demeure toujours la même, sans augmentation ni diminution. Une autre proposition non moins évidente, est que cette quantité de matière contenue dans un même espace et sous un même volume, est susceptible de *plus* ou *de moins*, et varie comme la nature des différens composés; par exemple, l'eau en contient plus que l'air; ensorte que, si

---

élémens matériels. C'étoit sans doute le vif sentiment de cette vérité, qui faisoit dire à Leibnitz, que pour compléter la science des mathématiques, il faudroit joindre à *l'analyse de quantité*, *l'analyse de situation*.

quelqu'un se vantoit de pouvoir changer un certain volume d'eau en un égal volume d'air, ce seroit comme s'il disoit qu'on peut anéantir telle portion de la matière; ou si, au contraire, il se faisoit fort de convertir un certain volume d'air en un égal volume d'eau, ce seroit comme s'il disoit qu'on peut de rien faire quelque chose (1). Or, c'est proprement de la considération de cette plus grande, ou moindre quantité de matière, que tirent leur origine les notions abstraites exprimées par ces mots de *densité* et *de rareté*, auxquelles on a attaché des significations si différentes

---

(1) Nous n'avons jamais vu de création ni d'anéantissement, ni rien d'analogue; et par conséquent nous n'en avons pas même l'idée. Or, ce dont nous n'avons point l'idée, nous paroît impossible; et cependant il est une infinité de choses très possibles dont nous n'avons point l'idée, attendu que nous ne connoissons pas tous les possibles. Ainsi ces deux prétendus principes, tout évidens qu'ils nous paroissent, portent sur un fondement extrêmement foible.

et des idées si confuses. Une troisième proposition, non moins certaine, et sur laquelle on peut faire fonds, c'est que cette différence même dont nous parlons, je veux dire, ce *plus* ou ce *moins* de matière propre dans tel ou tel corps, peut être déterminé par le calcul, et comparaison faite entre les différentes espèces de corps, être réduit à des proportions exactes ou approchant de l'exactitude. Par exemple, si l'on disoit que l'or contient, sous tel volume, telle quantité de matière, et que l'esprit de vin, pour égaler cette quantité de matière, doit avoir un volume vingt-une fois plus grand, on ne se tromperoit pas de beaucoup.

Or, la quantité de matière et sa proportion sont rendues sensibles par le poids; car le poids d'un corps, du moins celui de ses parties tangibles, est proportionnel à sa quantité de matière (1).

---

(1) Le poids de chaque corps est proportionnel *à sa quantité* de matière (*inerte*), si toutes les parties de la matière sont également pesantes,

Mais l'esprit ou sa quantité de matière ne peut être déterminée par son poids, vu qu'il *allège* plutôt qu'il n'*appesantit* (1). Or, après avoir déterminé par l'expérience ces différentes proportions, nous en avons fait une table, où sont marqués les poids et les volumes des différentes espèces de métaux, de pierres, de bois, de liqueurs, d'huiles, et d'un grand nombre d'autres substances, tant naturelles qu'artificielles (2). C'est un

---

puisqu'alors il est égal à la somme de ces parties. Or, *toutes les parties de la matière sont également pesantes, puisque, dans le vuide, les corps, quels que soient leur nature, leur masse et leur volume, tombent tous avec la même vitesse.*

(1) La plupart de nos physiciens supposent que tous les corps, sans exception, sont pesans, c'est-à-dire, tendent vers le centre de la terre; mais rien de plus hazardé que cette supposition, surtout lorsqu'on l'applique au feu, à la lumière, etc. et les faits dont on l'appuie ne sont rien moins que concluans, comme nous le ferons voir par la suite.

(2) C'est-à-dire, les pesanteurs spécifiques de ces différentes espèces de corps, lesquelles sont

vrai *polychreste* (1), tant par la lumière qu'elle répand sur la théorie, que par les règles qu'elle fournit pour la pratique, et qui présente bien des résultats inattendus; car, ce n'est pas peu que de savoir, par le moyen de cette table, que toute la différence qu'on observe entre les corps tangibles (nous ne parlons que de ceux dont les parties laissent peu de vuide entr'elles, non des corps spongieux, et où se trouvent beaucoup de cavités, en partie remplies d'air); que cette différence, dis-je, n'excède pas le rapport de vingt-un à un, tant la nature est bornée à cet égard, du moins cette partie de la nature dont l'usage nous est accordé, et que nous connoissons par l'expérience.

Nous avons cru aussi que cette exactitude dont nous nous piquons, nous faisoit une loi d'essayer si nous ne pour-

---

en raison composée de la directe des poids absolus, et de l'inverse des volumes.

(1) Chose qui a des usages multipliés.

rions pas déterminer la proportion des corps non tangibles ou *pneumatiques* (1) (aériformes), comparés aux corps tangibles; et pour parvenir à ce but, nous tentâmes l'expérience suivante. Nous prîmes une fiole de verre qui pouvoit tenir une once (2), employant exprès un petit vaisseau, afin de n'avoir pas besoin d'une chaleur si forte pour produire l'évaporation dont nous parlerons plus bas. Nous remplîmes d'esprit de vin cette fiole, jusqu'à la naissance du cou, choisissant l'esprit de vin préférablement à toute autre liqueur, parce que la table ci-dessus montre que de tous les corps tangibles (nous ne parlons que de ceux dont la substance est continue, et non entrecoupée de cavités), c'est le moins

---

(1) Les densités respectives des substances de ces deux espèces, c'est-à-dire, les quotiens des poids absolus, divisés par les volumes.

(2) Une once *de quoi?* est-ce une once de mercure ou une once d'air inflammable? Selon toute apparence, c'est une once de la liqueur même dont il va parler.

dense et celui qui contient le moins de matière propre sous un volume déterminé. Ensuite, nous pesâmes la fiole et la liqueur qu'elle contenoit. Après quoi, nous prîmes une vessie qui pouvoit tenir deux pintes. Nous en exprimâmes l'air autant qu'il nous fut possible, en la comprimant au point que ses deux côtés se touchoient par-tout. Nous eûmes la précaution d'enduire cette vessie d'huile, en la frottant un peu, afin de bien boucher tous les pores, au cas qu'il y en eût de trop grands. Nous fîmes entrer la partie supérieure de la fiole dans cette vessie, que nous liâmes fortement autour de son cou, ayant un peu ciré le fil, afin qu'il fût plus adhérent et qu'il serrât davantage. Enfin, nous fîmes chauffer la fiole à un feu de charbon, sur un petit fourneau. Quelques minutes après, la vapeur de l'esprit de vin, dilaté par la chaleur et converti en une substance pneumatique (aériforme), enfla la vessie peu à peu, et finit par la tendre, dans tous les sens, à peu près comme une voile enflée par le vent. Cela fait, nous ôtâmes la fiole de dessus le feu, nous la posâmes sur un tapis, de peur qu'un refroidissement trop subit ne la rompît, et sur-le-champ nous fîmes un trou au haut de la vessie; autrement, à mesure que la chaleur auroit diminué, la vapeur auroit pu revenir à l'état de liquide, et jeter ainsi de l'incertitude dans le résultat (1). Alors, ayant détaché la vessie, nous pesâmes l'esprit de vin qui restoit dans la fiole; puis, comparant son poids actuel avec son premier poids, nous connûmes ainsi la quantité d'esprit de vin qui s'étoit convertie en vapeur ou en substance pneumatique. Et ayant comparé le volume qu'avoit eu cette substance dans l'état d'esprit de vin, avec l'espace qu'elle occupoit sous la forme de vapeur, nous eûmes un dernier résultat qui nous ap-

---

(1) Si la fiole et le fourneau étant fort petits, la vessie eût été fort grande, il auroit eu une *Montgolfière*.

prit que cette substance, ainsi transformée, avoit acquis un volume cent fois plus grand qu'auparavant (1).

Soit encore la nature en question, le *chaud* ou le *froid*, en supposant l'un et l'autre à des degrés trop foibles pour

---

(1) Le poids d'une pinte d'esprit de vin est au nombre de pouces cubes, qui exprime la capacité de cette pinte, comme la différence entre le poids de l'esprit de vin de la fiole, pesé la première fois, et le poids de cette liqueur pesée la seconde fois; ou, ce qui est la même chose, comme le poids de la quantité d'esprit de vin convertie en vapeurs, est au volume de cette dernière quantité d'esprit de vin, supposée encore dans l'état de liqueur. Actuellement ce dernier volume est au nombre de pouces cubes, qui exprime la capacité de la vessie (égale à deux pintes); ou, ce qui est la même chose, au volume de cette même quantité d'esprit de vin réduite en vapeurs, comme l'unité est à x; le quatrième terme comparé à l'unité, donnera le rapport du volume qu'a acquis cette petite quantité d'esprit de vin réduite en vapeurs, au volume qu'elle avoit dans l'état de liqueur. Mais il manque ici la détermination du degré de chaleur qui a produit l'évaporation.

6.

être perçus par les sens. Les variations de cette espèce sont rendues sensibles par le thermomètre que nous avons décrit plus haut. Il est vrai que ces légères différences, du chaud et du froid, ne sont pas sensibles au tact, mais la chaleur dilate l'air, et le froid le contracte : cependant, cette expansion et cette contraction même ne sont pas non plus visibles; mais cet air, en se dilatant, fait baisser l'eau; en se contractant, il la fait monter; et c'est alors, enfin, que ces effets deviennent sensibles à la vue, et non auparavant, ou dans tout autre cas (1).

De même, soit la nature en question, le mélange ou la combinaison des parties constitutives des corps, et supposons

---

(1) Comme la boule de ce thermomètre est en haut, et, en partie, remplie d'air; lorsque cet air se dilate, il doit faire baisser l'eau qui se trouve en dessous, et la faire monter lorsqu'il se contracte. Mais, comme nous l'avons dit, les variations de la pesanteur de l'air, se combinant dans ce thermomètre avec celles dont il est ici question, les indications de cet instrument sont toujours équivoques.

qu'il s'agisse de savoir ce qu'ils contiennent de substance; aqueuse ou huileuse, d'esprit, de cendres, de sels ou d'autres semblables substances; ou même de savoir plus spécialement ce que le lait, par exemple, contient de substance butireuse, caséeuse, séreuse, et ainsi des autres. Les parties constitutives de ces corps sont naturellement invisibles; mais elles deviennent sensibles par d'ingénieuses et savantes analyses, du moins quant à leurs parties tangibles. Et quoique l'esprit qui s'y trouve renfermé ne soit pas sensible par lui-même, il ne laisse pas d'annoncer sa présence par les différens mouvemens et efforts des corps tangibles dans l'acte et le procédé même de la décomposition. Il se manifeste aussi par des signes d'acrimonie et de qualité corrosive, par les diverses couleurs, odeurs et saveurs de ces mêmes corps, après la décomposition (1). On

---

(1) Les fonctions qu'il attribue à cette substance qu'il qualifie d'*esprit*, sont fort analogues à

ne peut disconvenir que les hommes, en multipliant et variant les distillations et les procédés de décomposition, n'aient fait les plus grands efforts pour découvrir les parties constitutives des différentes espèces de corps; mais avec aussi peu de succès que par les autres procédés aujourd'hui en usage. Toute cette marche n'est qu'un pur tâtonnement, qu'une méthode aveugle; je vois-là beaucoup d'activité, mais bien peu d'intelligence et de vraie méthode. Ce qu'il y a de pis, dans toutes ces tentatives, c'est qu'au lieu de rivaliser avec la nature, en imitant ses opérations, on trouve moyen, par les chaleurs trop

---

celles que certains chymistes attribuent à leur *phlogistique*, et que M. Sage attribue à son *acide ignée*, c'est-à-dire, à un certain *mot* qu'il lui a plu de substituer à un autre, et qu'il prend pour une *cause*. Nous avons démontré, dans une des notes précédentes, non-seulement qu'il existe dans l'intérieur de tous les composés, sans exception, un fluide très subtil et très actif.

fortes, ou les agens trop puissans qu'on emploie, de détruire ces textures délicates d'où dépendent les propriétés les plus intimes et leurs secrettes corrélations (1). Mais, ce qui ne se présente pas même à leur esprit, dans ces analyses, et ce dont nous avons averti ailleurs, c'est que, lorsqu'on tourmente ainsi ces corps par le moyen du feu, ou de ces substances si actives qu'on emploie pour les décomposer, c'est le feu même, ou ce sont ces agens qui y introduisent la plupart de ces qualités qu'on y observe après la décomposition, et qui n'existoient pas auparavant dans le composé. Car il ne faut pas s'imaginer que toute cette vapeur qui s'élève d'une masse d'eau, étoit dans l'eau même, et faisoit corps avec elle, sous la forme de vapeur, ou de substance aériforme; mais c'est

―――――――――――――――

(1) Il en est de ces chymistes comme de certains politiques; ils ne savent que *démolir*, et ne savent pas *rebâtir* ou *réparer*.

le feu qui, en dilatant l'eau, a formé cette vapeur.

De même encore, toutes ces épreuves qu'on fait subir aux composés, soit naturels, soit artificiels, et à l'aide desquelles on distingue les vraies substances de celles qui sont sophistiquées (falsifiées), et l'on s'assure de leurs bonnes ou mauvaises qualités; ces épreuves, dis-je, se rapportent aussi à cette division, vu qu'elles rendent sensibles telles qualités qui, sans ces manipulations, seroient imperceptibles. Ainsi, l'on ne doit rien épargner pour multiplier les procédés et les essais qui tendent à ce but.

Quant à ce qui regarde le cinquième genre d'objets qui échappent aux sens, il est clair que toute action d'où naît quelque sensation, consiste dans un mouvement, et que tout mouvement s'exécute dans un certain temps. Si donc le mouvement d'un corps est de telle lenteur ou de telle vîtesse, qu'il n'y ait aucune proportion entre le temps nécessaire pour qu'il s'exécute, et celui qui le seroit pour que la sensation eût lieu, alors l'objet n'est point perçu et il échappe tout-à-fait aux sens. On en voit un exemple dans le mouvement de l'aiguille d'une horloge, et en sens contraire (c'est-à-dire par rapport à l'extrême vîtesse), dans celui d'une balle de mousquet, ou autre arme à feu. Or, ces mouvemens, qui, à cause de leur extrême lenteur, sont imperceptibles dans leurs parties, deviennent sensibles *dans leur somme*, et c'est ainsi qu'on les considère ordinairement (1). Mais ces autres mouvemens, que leur extrême vîtesse rend imperceptibles, donnant moins de prise, on n'a pu encore en déterminer la mesure avec exactitude (2). Cependant, il est, dans

---

(1) On ne voit pas distinctement l'espace que parcourt l'aiguille des heures durant une minute; mais au bout d'une heure, par exemple, on voit qu'elle a parcouru la douzième partie du cadran.

(2) Depuis ce temps-là on est parvenu à déterminer quelques-unes de ces grandes vitesses; par exemple, celle du *son* qui a été trouvée d'environ onze cents pieds par seconde, à quelques variations

l'étude de la nature, une infinité de cas où ces déterminations seroient absolument nécessaires.

Quant au sixième genre de circonstances, où l'objet à observer échappe aux sens; savoir: celles où la force même avec laquelle il agit sur l'organe du sens, empêche que la sensation n'ait lieu, la déduction se fait,

Ou en éloignant l'objet de l'organe du sens;

Ou en émoussant son impression par l'interposition d'un milieu qui soit de nature à affoiblir seulement cette impression, sans la détruire entièrement;

---

près, dont la plus grande a pour cause tous les vents un peu forts, et dont la direction n'est pas latérale. On a aussi déterminé à peu près celle de la lumière, qui est de quatre à cinq millions de lieues par minute. En général, les petites parties des espaces parcourus par les corps qui se meuvent avec une extrême lenteur ou une extrême rapidité, étant imperceptibles, on détermine la vitesse de ces corps, en déterminant la somme des espaces qu'ils parcourent dans un temps un peu long.

Ou, enfin, en le faisant agir indirectement et par réflexion, toujours dans le cas où l'action directe seroit trop forte. C'est ainsi qu'on affoiblit l'action des rayons du soleil, en regardant cet astre dans un bassin rempli d'eau.

Le septième cas; savoir : celui où le sens est tellement surchargé et rempli d'un objet, qu'il ne laisse plus de place à l'impression d'aucun autre, n'a lieu ordinairement que par rapport à l'odorat et aux odeurs. D'ailleurs, il n'a que très peu de rapport avec notre objet actuel. Ainsi, nous terminerons ici ce que nous avions à dire sur les différens moyens de rendre sensible ce qui échappe aux sens.

Quelquefois, cependant, la *déduction* se fait en ramenant l'objet imperceptible à la portée, non du sens de l'homme, mais de celui de tel animal qui, pour certaine espèce d'objets, a un sentiment plus fin que celui de notre espèce. C'est ainsi que, pour certaines odeurs, on s'en rapporte à l'odorat du chien; et que, pour la preuve de l'existence de cette lumière que recèle un air qui n'est pas éclairé extérieurement, on s'en rapporte aux yeux du chat, du hibou et d'autres animaux de cette classe, qui ont la faculté de voir la nuit. En effet, suivant l'opinion de Telèse (opinion assez fondée), dans l'air même réside une certaine lumière originelle, quoique foible, ténue et presque toujours insuffisante pour les yeux de l'homme et de la plupart des autres animaux. C'est à l'aide de cette lumière, que ces autres animaux, aux organes desquels elle est proportionnée et suffisante, peuvent voir durant la nuit. Car on ne peut se persuader qu'ils aient la faculté de voir sans l'intermède de la lumière, ou à l'aide de la seule lumière interne (1).

---

(1) C'est-à-dire, à l'aide de celle qui seroit contenue dans l'organe même de la vue; mais l'une et l'autre de ces deux suppositions sont purement gratuites, et, de plus, assez inutiles: car, de même que, dans notre espèce, il est des individus dont

Mais, ce qu'il ne faut jamais oublier, c'est que nous ne parlons ici que des cas où les sens sont en défaut, et du remède à cet inconvénient. Quant à leurs illusions et à leurs prestiges, c'est un sujet que nous renvoyons au traité qui a proprement pour objet le sentiment et les choses sensibles; en exceptant, toutefois, cette illusion générale des sens, qui consiste à ne nous faire connoître les choses et leurs différences, que *relativement à l'homme*, et non *relati-*

---

l'œil est assez sensible pour voir les objets clairement et distinctement, à l'aide d'un degré de lumière insuffisant pour les autres individus, il peut y avoir et il y a en effet des animaux dont l'œil, beaucoup plus sensible que le nôtre, n'a besoin, pour voir, que d'une quantité de lumière beaucoup moindre que celle qui nous est nécessaire, et qui ont, à cet égard, encore plus d'avantage sur notre espèce, prise en entier, que certains hommes n'en ont sur d'autres hommes; animaux pour qui ce que nous appellons *obscurité*, est encore *lumière*. A proprement parler, il n'est point de nuit parfaitement close; et ce que nous appellons la nuit, n'est qu'un jour extrêmement foible.

vement à l'univers; erreur qu'on ne corrige que par le moyen de la raison et de la philosophie universelle (1).

XLI.

Nous mettrons au dix-huitième rang, parmi les prérogatives des faits, les *exemples* de *route*, que nous appellons aussi quelquefois exemples *itinéraires*, ou *articulés*. Ce sont ceux qui indiquent les *mouvemens graduels et continus* de la nature. Les exemples de ce genre échappent plutôt à l'observation qu'aux sens; car les hommes étant d'une prodi-

---

(1) C'est-à-dire, de cette philosophie par laquelle l'homme cessant de se regarder comme la mesure et le centre de tout, et ayant une fois bien compris que sa chétive espèce n'occupe qu'une place infiniment petite dans le système de l'univers, ne considère plus les relations des choses à son espèce, comme le premier objet de ses études, mais seulement comme un moyen de connoître les relations générales ; connoissance qu'ensuite il appliquera à son espèce; car, pour se bien servir soi-même, il faut savoir s'oublier quelquefois.

gieuse négligence sur ce point, ils n'étudient la nature que périodiquement et comme *par sauts* (1); ils n'observent les corps que lorsqu'ils sont achevés, tout formés. Cependant, si l'on vouloit se faire une juste idée de l'intelligence et de l'adresse d'un artisan ou d'un artiste,

---

(1) Les relations sociales qui nous forcent à travailler, à parler, à sentir, à penser, à vivre, pour ainsi dire, la montre à la main, nous circonscrivent, nous clouent dans un cercle étroit d'occupations, de jouissances, de sensations, de pensées, toujours les mêmes, et toujours commandées par notre situation. Pour faire de véritables découvertes, il faut rompre une partie de ces liens, et se livrer un peu plus à l'instinct qui tend à varier sans cesse notre état physique, moral, ou intellectuel. S'il est prouvé que toutes les vraies connoissances soient originaires des sensations, il est clair que, pour apprendre ce qu'ignorent les autres hommes, il faut se faire un genre de vie tout différent du leur, afin de sentir et de penser autrement qu'eux, en rompant un peu les liens que le devoir n'a pas formés: mais, pour les rompre, il faudroit avoir un cœur d'acier, et la première partie de la philosophie est d'être bon, le reste est par dessus le marché.

en un mot, saisir le fin de son métier, on ne se contenteroit pas de jeter un coup d'œil sur les matières brutes qu'il emploie, et sur ses ouvrages tout faits; on voudroit être-là quand il travaille, afin de suivre ses procédés et ses manipulations dans tous leurs détails. C'est à peu près ainsi qu'il faut se conduire dans l'étude de la nature. Par exemple, veut-on faire une recherche sur la végétation des plantes, il faut les suivre depuis le moment où la graine vient d'être semée; les observer sans interruption (ce qu'on peut faire aisément en tirant de la terre les graines qui y auront demeuré deux, trois, quatre jours, et ainsi de suite), et les considérer attentivement, afin de voir *quand* et *comment* cette graine commence à se gonfler, à regorger, pour ainsi dire, d'esprit; comment elle rompt sa corticule, jette des fibres, en se portant elle-même un peu de bas en haut, à moins que la terre ne lui oppose trop de résistance; comment, de ces fibres qu'elle jette, les unes, qui doivent former la racine, se portent vers le bas; et les autres, qui doivent former la tige, se portent vers le haut, ou quelquefois serpentent latéralement, quand elles trouvent dans cette direction une terre plus molle et plus souple, où elles peuvent s'ouvrir plus aisément un passage, et une infinité de détails de cette espèce.

Il faut, en suivant la même méthode, observer les œufs, depuis le moment où commence l'incubation, jusqu'à celui où ils sont éclos. A l'aide de cette marche, on verra l'action progressive et continue par laquelle l'embryon se vivifie et s'organise (1) : on saura ce qui provient du

---

(1) Les observations de la première espèce n'ont pas encore été faites avec toute l'attention qu'il exige ; celles de la seconde espèce l'ont été avec toute l'exactitude possible ; mais, en dépit de ces faits qui semblent démontrer que la formation des différentes parties de l'animal est successive, comme Harvée l'avoit avancé, quelques physiologistes de notre temps pensent que le poulet provient d'un germe *préexistant*, ou créé long-temps auparavant; que la fécondation et l'incubation ne font

jaune, et quelles parties en sont formées ; il en sera de même du blanc, et il en faut

que le mettre en mouvement, et provoquer son développement. D'autres, moins mystiques, raisonnent ainsi : Si le premier coq et la première poule ont bien pu se former sans fécondation et sans incubation, à plus forte raison aujourd'hui, la même cause, aidée de ces deux opérations, peut-elle en former d'autres entièrement. Une des loix les plus générales de la nature, et les mieux constatées, c'est celle-ci : *Tous les opposés de chaque genre se supposent réciproquement, et se succèdent alternativement, sans quoi, point d'action continue, ni même d'action.* Cela posé, tout animal meurt, et se *décompose* peu de jours ou d'années après sa formation ; il *s'étoit* donc *composé* peu auparavant. Il *finit*; donc il a *commencé*. Pour les êtres finis, il n'y a pas plus d'éternité *à parte ante* (antérieure), que d'éternité *à parte post* (postérieure). Tout commence, finit et recommence ; voilà, en deux mots, l'histoire de l'univers. La nature, semblable à un *typographe*, compose une feuille, la casse, distribue ses caractères, compose une seconde feuille, la casse encore ; et ainsi de suite, à l'infini ; toutes les feuilles sont alternativement composées et détruites, et il n'y a rien d'éternel dans cette vaste imprimerie, sinon les caractères et l'imprimeur.

dire autant de tous les autres détails de cette nature. Enfin, on observera avec la même continuité les animaux qui naissent de la putréfaction. Quant aux animaux parfaits et terrestres, on ne pourroit observer leur formation qu'en disséquant les mères et tirant les fétus de la matrice, ce qui répugneroit davantage à l'humanité; et il ne reste d'autre parti, après avoir renoncé à cette odieuse ressource, que celui de profiter des avortemens, des hazards qu'offre la chasse, et d'autres semblables occasions. Quoi qu'il en soit, il faut faire autour de la nature une sorte de *veillée,* attendu qu'elle se laisse plutôt voir de nuit que de jour; car, les recherches et les études de ce genre peuvent être qualifiées de *nocturnes,* la lumière qui les éclaire étant perpétuelle, il est vrai, mais bien foible.

Il faut suivre la même marche en observant les corps inanimés; et c'est ce que nous avons fait nous-mêmes par rapport à la manière dont les différentes liqueurs s'*ouvrent* (se dilatent) par l'action du feu. Car autre est le mode de cette dilatation dans l'eau ; autre, dans le vin, dans le vinaigre, dans l'opium, etc. La différence est encore plus marquée dans le lait, dans l'huile et autres substances de cette nature ; différence que nous observâmes avec la plus grande facilité, en faisant bouillir successivement différentes liqueurs, à un feu doux et dans un vaisseau de verre, où toutes ces différences et toutes leurs nuances étoient plus sensibles. Mais ce sujet, nous ne devons ici que le toucher en passant, nous réservant à le traiter plus amplement et plus exactement quand nous en serons à la recherche des actions graduelles et cachées. Et il ne faut jamais oublier que notre dessein, dans cet ouvrage, n'est rien moins que de traiter les sujets mêmes, mais de donner de simples exemples destinés à éclaircir des méthodes qui sont le principal objet.

XLII.

Nous mettrons au dix-neuvième rang,

les exemples de *supplément* ou de *substitution*, que nous appellons ordinairement *exemples* de *refuge*. Leur destination est de suppléer l'observation directe, lorsque le sens est tout-à-fait en défaut, et c'est à cette sorte d'exemples que nous avons recours comme à une dernière ressource, lorsque les exemples propres nous manquent absolument. Or, cette substitution peut se faire de deux manières, ou par *graduation*, ou par *analogie* (1). Par exemple, on ne connoît aucun milieu qui fasse entièrement obstacle à cette attraction que l'aimant exerce sur le fer, et qui l'intercepte tout-à-fait. Elle a son effet, soit qu'on interpose l'or, l'argent, le verre, la pierre; bois, eau, huile, étoffes, corps com-

---

(1) On tâche d'observer le *plus* et le *moins*, les différens degrés d'une propriété dont on ne peut observer directement, dans aucun sujet, soit la privation totale, soit la génération ou la destruction actuelles; ou d'observer, dans des sujets sensibles et analogues au sujet en question, ce qu'on ne peut observer directement dans ce dernier.

posés de fibres, air, flamme, etc. ni ces substances, ni aucune autre, ne peuvent empêcher cette attraction. Il se pourroit cependant qu'à force de varier les sujets d'observation, l'on rencontrât enfin quelque milieu qui en diminuât l'effet plus que tout autre milieu, et qu'on trouvât là *un plus* et *un moins*, des degrés sensiblement différens. Par exemple, il se pourroit que l'aimant n'attirât pas également le fer à travers deux épaisseurs égales, l'une d'or, l'autre d'air; ou l'une d'argent rougi au feu, l'autre d'argent froid (1); et ainsi des autres. Car nous

---

(1) On s'est assuré par l'expérience, qu'une chaleur forte diminue sensiblement la vertu magnétique, du moins dans l'aimant et le fer aimanté; ce qui feroit soupçonner que la vertu magnétique n'est qu'un *cas particulier* de cette attraction que le globe terrestre exerce sur tous les corps placés à sa surface, ou, si l'on veut, de l'attraction universelle démontrée par Newton; que cette vertu dans l'aimant, naturel ou artificiel, est seulement *renforcée* et *plus développée* par des causes et des circonstances qui nous sont encore inconnues. Car

n'avons pas encore fait d'expériences dans cette vue ; et celles-ci, nous ne les proposons qu'à titre d'exemples et d'indications, qui peuvent suffire pour le moment. De même, nous ne connoissons aucun corps qui, étant approché du feu, ne s'échauffe ; mais l'air s'échauffe plus vîte que la pierre. Tel est donc le *mode* de ce genre de substitution qui se fait par la considération des degrés.

---

la cause ou force, dont l'effet propre est de produire la chaleur, de dilater les corps, et par conséquent de diminuer la cohésion de leurs parties, étant celle qui combat et qui balance la force attractive tendant à les unir ou à les rapprocher, il est clair que l'effet de la première ne peut croître sans que celui de la dernière décroisse proportionnellement. Si toutes les parties de la matière, ou du moins des corps terrestres, s'attirent réciproquement, toutes ces parties sont, les unes par rapport aux autres, autant de *petits aimans*, dont la chaleur produite par les rayons du soleil, et celle du feu artificiel, qui dilatent ces corps, diminuent la force attractive, ou l'*attraction actuelle*.

Quant à la substitution par voie d'*analogie*, elle est utile, sans doute, mais beaucoup moins certaine dans ses résultats, et elle exige plus de discernement. Elle a lieu, lorsqu'on met à la portée du sens l'objet imperceptible, non en observant les effets sensibles du corps qui, par lui-même, est insensible, mais en observant d'autres corps plus sensibles et analogues au sujet en question. Par exemple, s'agit-il de connoître le mode du mélange ou de la combinaison des esprits (ou substances aériformes)? on conçoit d'abord qu'il doit y avoir une certaine *analogie* entre les *corps* et leurs *alimens*. Or, l'aliment propre de la flamme est l'huile, ou, en général, toute substance grasse ; et celui de l'air est l'eau, ou toute substance aqueuse. Car, les flammes se multiplient par l'addition des vapeurs huileuses; et l'air, par l'addition des vapeurs aqueuses (1). Ainsi,

---

(1) Cette dernière proposition avoit alors grand besoin de preuves; mais elle est aujourd'hui assez

il faut tourner son attention vers le mélange de l'eau avec l'huile, lequel se manifeste aux sens; au lieu que le mélange de l'air avec les flammes leur échappe. Or, l'huile et l'eau ne se mêlent que très imparfaitement, lorsqu'on se contente de les mettre et de les agiter ensemble; mais ces deux mêmes substances se combinent plus délicatement et plus exactement, dans les plantes, dans le sang et les parties solides des animaux; d'où l'on peut déduire une conséquence assez probable, relativement aux substances pneumatiques, ou aériformes; savoir : que les substances pneumatiques de la nature de l'air, et celles qui tiennent de la nature de la flamme, lorsqu'elles sont sim-

---

solidement établie : l'air de l'atmosphère semble n'être qu'un composé des débris de tous les corps (pulvérisés ou rendus fluides par leurs dissolutions, écornés par les chocs, ou limés par les frottemens réciproques); composé dont une eau extrêmement dilatée et convertie, par cette extrême dilatation, en substance aériforme ou pneumatique, formeroit la plus grande partie.

plement et méchaniquement confondues, ne se prêtent pas à une véritable combinaison, mais qu'elles paroissent se combiner plus exactement et plus parfaitement dans les esprits des animaux et des plantes; conjecture d'autant plus probable, que tout esprit animé se nourrit de deux espèces d'*humor;* savoir : de l'*humor aqueu* et de l'*humor huileu,* lesquels sont ses alimens propres (1).

---

(1) Ce qui peut dépendre de leur extrême *atténuation* ou *subdivision,* et de *l'isolement* de leurs parties; circonstance dont l'effet est qu'elles ont moins de force pour se dégager des particules de nature opposée, par la même raison que cent hommes ont plus de peine que cent mille hommes à se tirer d'un pays ennemi ; par la raison que *l'union des petites forces est le principe des grandes.* J'ai été forcé, pour rendre ce passage intelligible, d'intercaler plusieurs mots dans le texte; car, autant l'auteur est prodigue de mots dans ses préambules et sa nomenclature, autant il en est avare dans l'exposé du sujet même, et lorsqu'il seroit bon de s'expliquer un peu plus. Mais, pour bien

De même encore, supposons qu'il ne s'agisse plus du mélange exact, de la parfaite combinaison des substances pneu-

---

entendre ce qui précède et ce qui suit, il faut distinguer *trois espèces*, ou plutôt *trois différens degrés de mélange* et *cinq circonstances* dont ils dépendent. Ces circonstances sont la grandeur ou la petitesse des parties du composé, leur égalité ou inégalité, leur ordre ou leur désordre, leur plus ou moins de simplicité ou de composition ; enfin, leur plus ou moins d'adhérence soit aux particules de leur espèce, soit à celles du fluide avec lequel elles se trouvent mêlées. Cela posé, si deux substances hétérogènes sont mêlées par portions un peu grandes, sans décomposition de ces parties, et sans que les parties de même espèce puissent adhérer les unes aux autres, on peut donner à ce premier genre ou degré de mélange le nom de *juxta-position* ou de *confusion*. Si elles se mêlent par portions plus petites, déjà un peu décomposées, un peu adhérentes et arrangées avec un certain ordre, ce mélange peut prendre le nom de *composition*. Enfin, supposons-les mêlées par parties extrêmement petites, dont chacune soit un de leurs élémens constitutifs, qui soient à peu près égales et disposées dans le même ordre, et qui adhèrent avec une certaine force aux parties de

matiques et aériformes de différente espèce, mais seulement de leur composition ; c'est-à-dire, de savoir si elles s'*incorporent* (1) aisément ensemble; ou si, au contraire, il y a des substances pneu-

---

même espèce, soit en vertu de leur affinité réciproque, soit par l'effet de la pression ou de la répulsion des parties environnantes, ce mélange pourra s'appeller *mixtion*, en prenant ce mot dans le sens que les scholastiques y avoient attaché, si toutefois ils y attachoient en effet quelque notion déterminée; ce qui nous paroît assez douteux. Enfin, lecteur, après avoir fait avec nous toutes ces fines distinctions et cette profonde analyse, il se pourroit que vous n'entendissiez pas mieux ce passage, que l'interprète de Bacon et que l'auteur interprété. Dans tout écrivain qui possède sa langue, l'obscurité est fille de l'erreur; et la clarté, fille de la vérité. Quand on a réellement saisi une vérité utile, on a tout à la fois le besoin, le desir et la faculté d'être parfaitement clair. Mais, quand on se trompe, on s'enveloppe et l'on obscurcit ses expressions, pour mettre son ignorance dans l'ombre.

(1) Il ne dit point ce qu'il entend par *incorporation, mélange, composition, confusion,* etc.

matiques; par exemple, des vapeurs ou exhalaisons, et autres semblables, qui ne se mêlent point avec l'air commun, mais qui y demeurent seulement suspendues et comme flottantes, sous la forme de globules, de gouttes; en un mot, qui sont plutôt brisées et atténuées par l'air, qu'elles n'adhèrent à ses parties et ne s'incorporent avec ce fluide : or, une telle différence ne peut être apperçue par les sens, dans l'air commun ou autres substances aériformes, vu leur extrême ténuité. Mais on peut se faire une idée de ces imparfaites combinaisons, et entrevoir jusqu'à quel point elles sont possibles, en observant le mercure, l'huile et l'eau dans l'état de liquide. On en voit aussi un exemple dans l'air, si l'on considère comment il se divise et se morcèle, lorsqu'il se dissipe et monte à travers l'eau sous la forme de bulles. Enfin, un dernier exemple en ce genre, c'est la poussière excitée dans l'air, laquelle s'y élève et y demeure suspendue; tous phénomènes où il n'y a point d'incorporation (1). Or, cette représentation ou substitution, dont nous venons de parler, seroit assez exacte, pour peu que l'on commençât par s'assurer s'il peut y avoir entre ces substances pneumatiques, une hétérogénéité, des différences vraiment spécifiques et égales à celles qu'on observe entre les liquides (2). Ce point une fois décidé, on pourra, sans inconvénient, substituer, par voie d'analogie, ces simulacres visibles à ces substances aériformes qu'on ne peut observer directement. Au reste, quoique nous ayons

---

(1) En laissant de côté sa défectueuse nomenclature, pour déterminer les idées, leurs rapports et la signification des mots, disons qu'il y a ici trois différences ou modes distincts à considérer ; savoir : des parties ténues ou grossières, adhérentes ou non adhérentes, rapprochées ou dispersées.

(2) Ce point a été décidé depuis quelques années par Priestley et ce grand nombre de chymistes qui ont observé dans le plus grand détail les propriétés des diverses substances aériformes ou *gas;* tels que *gas méphitique, inflammable, nitreux, acide marin, acide spathique,* etc.

dit de ces exemples de *supplément*, qu'il faut en tirer des lumières, lorsque les exemples propres et directs manquent absolument, et y recourir comme à une dernière ressource ; cependant, on doit se persuader qu'ils sont encore d'un grand usage, dans les cas mêmes où l'on ne manque point d'exemples directs ; car alors ils concourent avec ces derniers à rendre l'information plus ample et plus certaine. Mais nous traiterons plus en détail de ce genre d'exemples, lorsque l'ordre de notre sujet nous aura conduits à parler des *adminicules de l'induction*.

XLIII.

Nous placerons au vingtième rang, les exemples de *dissection* (ou d'analyse), que nous désignons aussi ordinairement par la dénomination d'exemples (*agaçans* ou *stimulans*), mais dans des vues différentes. Nous leur donnons cette dernière qualification, parce qu'en effet ils agacent l'entendement ; et la première, parce qu'ils nous excitent à pousser l'analyse de la nature aussi loin qu'il est possible; fonction qui nous engage quelquefois à leur donner aussi le nom d'exemples de *Démocrite* (1). Les exemples de cette classe, en avertissant l'esprit de l'extrême subtilité de certains corps ou de certains mouvemens, l'éveillent, pour ainsi dire, l'excitent à l'attention, et l'invitent à considérer de plus près les objets fort déliés, et à les observer avec toute l'exactitude requise (2).

---

(1) Un des plus grands analystes qui aient existé, et qui a même outré l'analyse, en la poussant jusqu'aux atômes.

(2) Ce sont aussi des espèces d'*archets*, de *boute-feux*, de *fouëts* ou d'*éperons;* en ébranlant l'imagination, la partie impulsive de l'esprit, ils lui donnent de l'activité, ce qui est l'essentiel, et ce genre d'activité qui fait les *originaux;* car le principal vice de la plupart des esprits, c'est la *paresse*, l'*inertie*, ou une *activité de singe* qui les rend prompts à imiter, en grimaçant, tout ce qui *brille*, ou simplement tout ce qui *remue;* il en est peu qui aient *un mouvement propre et spontanée;* presque

Par exemple, l'entendement s'éveille lorsqu'il arrête son attention sur les faits suivans.

Quelques gouttes d'encre peuvent, en s'étendant, former des milliers de lettres et de lignes.

Un cylindre d'argent, doré superficiellement, peut être alongé au point de former un fil de plusieurs lieues, et doré pourtant dans tous les points de sa surface.

Tel insecte imperceptible, qui se loge sous la peau, a pourtant un esprit et une infinité de parties toutes différentes et toutes distinctes.

Un peu de safran suffit pour teindre un muid d'eau.

Un grain de civette, ou de musc, ré-

---

tous empruntent leur mouvement des autres hommes, et attendent, pour se tirer de leur engourdissement, que certains esprits actifs, constans et dominateurs leur donnent l'impulsion, et les mettent en train. L'esprit original est celui qui ne tire sa direction et son impulsion que de ses propres observations et de ses propres réflexions.

pand son odeur jusques dans les plus petites parties d'une masse d'air beaucoup plus grande.

Une très petite quantité de certaines matières brûlées, forme un nuage d'un volume immense.

Les différences les plus légères, les nuances les plus délicates des sons; par exemple, celles des sons articulés, sont déterminées par l'air, qui leur sert de véhicule, dans toutes sortes de directions; différences qui, quoique très atténuées et très affoiblies, ne laissent pas de pénétrer par les pores et les interstices du bois et de l'eau, sans compter qu'elles s'y répercutent; le tout, avec la plus grande vîtesse et très distinctement.

La lumière, et la couleur même, franchissent, en un clin d'œil, des espaces immenses, pénètrent à travers des corps très compacts, tels que le verre, à travers l'eau, et y forment des milliers d'images qui se diversifient à l'infini; enfin, elles s'y réfractent et s'y réfléchissent.

L'aimant agit à travers les corps de toute espèce, même les plus durs et les plus compacts.

Mais ce qui est encore plus étonnant, c'est que, de toutes ces actions qui s'exercent dans l'air, milieu commun à toutes indifféremment, il n'en est pas une seule qui fasse obstacle à une autre : je veux dire que, dans le même temps et dans la même masse d'air, passent et repassent, dans toutes les directions possibles, tant d'images diverses d'objets visibles, tant de sons délicatement articulés, tant d'odeurs spécifiquement différentes, comme celles de la violette, de la rose, etc. ainsi que la chaleur, le froid, les vertus magnétiques, etc. et cela, dis-je, toutes à la fois, sans que l'une empêche l'autre, comme si chacune avoit ses routes particulières, ses passages propres et tellement distincts, que l'une ne pût jamais rencontrer et heurter l'autre.

Cependant, à ces exemples d'analyse, nous en joignons ordinairement d'autres, que nous appellons *limites de la dissection* (ou de *l'analyse*). Ces exemples étant ainsi accouplés, on voit, dans ceux dont nous avons parlé en premier lieu, que deux actions de différens genres ne se troublent ni ne s'empêchent réciproquement; au lieu que, de deux actions du même genre, l'une amortit et éteint l'autre. C'est ainsi que la lumière du soleil éteint, pour ainsi dire, celle du ver luisant; que le bruit du canon couvre la voix humaine; qu'une odeur forte efface une odeur délicate; qu'une chaleur d'une grande intensité étouffe une chaleur plus foible; et qu'enfin, une lame de fer, placée entre un aimant et d'autre fer, intercepte l'action de cet aimant (1). Mais nous renvoyons

---

(1) Elle ne l'intercepte pas; mais, comme l'action de l'aimant s'exerce et s'épuise même sur le fer interposé, cet aimant ne peut plus avoir d'action sur l'autre fer placé au-delà de l'obstacle. Tous les physiciens expérimentaux que j'ai lus, ou dont j'ai suivi les cours, ont donné, après Bacon, et peut-être d'après lui, dans ce paralogisme que je relève ici; je ne sais même s'il ne s'est pas un

aussi ce que nous avons à dire sur ces exemples, au traité sur les *adminicules de l'induction,* où est leur véritable place.

---

peu glissé dans le système newtonien. Car soient deux corps sphériques, peu éloignés l'un de l'autre et qui s'attirent réciproquement. Supposons de plus que chacun de ces deux corps soit divisé en tranches verticales, parallèles entr'elles et à celles de l'autre. Cela posé, les tranches antérieures de chacun seront, par rapport à ses tranches postérieures et aux tranches antérieures de l'autre, ce que, dans l'exemple cité, le fer interposé est par rapport à l'aimant et au fer placé de l'autre côté. Par exemple, la première tranche antérieure du corps A exerçant et épuisant même sa force attractive sur la première tranche antérieure du corps B, elle n'agira pas *immédiatement* sur la seconde tranche de celui-ci ; mais *médiatement* et par l'intermède de la première : et comme la seconde tranche de B est adhérente à la première, la tranche antérieure de A *n'attirera* pas cette seconde tranche de B, mais elle la *tirera* par le moyen de la première tranche du même corps; et il ne sera pas vrai que les corps très voisins *s'attirent* réciproquement en raison de la totalité de leur masse; ce sera, en partie, une *attraction*, et, en partie, une *traction*.

Commentaire du second chapitre.

(*a*) Savoir : *l'esprit entrecoupé, l'esprit branchu*, etc. S'il ne s'agissoit, pour expliquer la formation de chaque espèce de composé, que d'y supposer un *esprit de même forme*, cette explication seroit bien facile; mais un physicien qui ne se contente point de *pléonasmes*, demande quelque chose de plus. Au fond, toutes ses assertions, dans ce passage, sont autant de conjectures, tout au moins très hazardées, et de suppositions aussi inutiles que gratuites. Car ceux qui regardent le *feu* comme une *substance* à part, spécifiquement différente de toute autre, et très réelle, comme un *fluide* très subtil, très actif, très expansif et répandu dans tous les corps, ne sont point du tout embarrassés pour expliquer, à l'aide de cette seule supposition, tous ces effets dont Bacon rend raison, comme il peut, à l'aide de son esprit *branchu*, *disséminé*, etc. Par exemple, si on leur demande pourquoi cette substance, naturellement si active et si expansive, semble perdre cette activité et cette tendance à se dilater, lorsqu'elle est intimement combinée avec d'autres substances? Ils se tirent d'affaire en lui donnant un autre nom, la qualifiant de *phlogistique*, de *calor*, ou d'*acide ignée*; et prenant ce mot pour une explication, ils réfutent les objections en ne les écoutant point. Cependant ils pourroient y faire une réponse satisfaisante; savoir : que la substance ignée, comme toutes les autres, n'a d'action sensible que dans les cas où ses particules se trouvent réunies en certaine quantité, par une cause intérieure ou extérieure; que, dans leur état de dissémination entre les parties de la matière *inerte*, étant trop isolées et trop foibles pour vaincre la résistance que leur opposent ces parties, et se réunir à celles de leur propre espèce, elles y sont dans une apparente inertie, et y dorment, pour ainsi dire, comme le génie ou la vertu de tout homme qui se trouve relégué parmi des hommes qui ne lui ressemblent point. Voilà ce qu'ils pourroient dire, s'ils ne se payoient plus aisément de mots que de raisons. Mais, comme nous l'avons vu dans la première vendange (ou conclusion provisoire), notre auteur ne regarde point le *feu* comme une *substance particulière*, mais comme un certain *mode de mouvement*. Il est donc obligé, pour expliquer ce développement, ce mouvement du centre à la circonférence, qu'on observe dans tant de composés, d'y supposer quelque chose de semblable à cet esprit, ou d'y loger (à l'exemple des physiciens *mystiques*) les moins illustres de ces substances de si haute extraction, qui font tout précisément avec rien, qui poussent un corps sans y toucher, et qui, toutes incorporelles qu'on les suppose, agissent pourtant comme des corps, supposition qui a bien d'autres inconvéniens; car la *génération* étant *sœur* et peut-être *fille de la putréfaction*, si l'on attribue à ces substances de nature supérieure, même à la première de toutes, la vile fonction de figurer les corps organiques, on est obligé de l'embourber dans des matières fétides, putrides, excrémentielles, etc. *fi*. Ainsi, abandonnant et les suppositions gratuites de Bacon, et celle des mystiques, avec ses sales conséquences, parlons raisonnablement et proprement. Si, durant l'hiver, je me promène dans une campagne, j'y vois tout mort et engourdi. Et si, quelques mois après, je repasse dans le même lieu, j'y vois tout germer, croître et se développer; j'y vois la nature entière ressuscitée ou rajeunie.

Qu'est-il donc arrivé de nouveau entre ces deux époques? Le soleil, qui étoit peu élevé sur l'horizon, et qui n'y demeuroit que huit heures, est actuellement fort élevé et y demeure quatorze à quinze heures. Qu'est-il donc besoin de supposer dans notre tourbillon, d'autre esprit, d'autre ame que celle-là? De plus, les parties de la matière solaire (comme nous le disions plus haut) qui, étant disséminées entre les parties de la matière *inerte*, s'y trouvent assez libres pour pouvoir combiner leur substance et leur action avec celles des autres particules de même espèce qui les avoisinent, agissent en petit, comme agit en grand l'astre dont elles sont détachées, et sont comme autant de petits soleils qui représentent le soleil proprement dit. Elles lui *ressemblent* et peuvent porter le *même nom*, puisqu'elles produisent *les mêmes effets*; elles *éclairent* et elles *échauffent*: que fait-il de plus? Quand il sera question de la pensée et de la volonté, que des particules solaires n'expliquent point du tout, nous ferons d'autres suppositions.

SECTION II.

Prérogatives des faits qui se rapportent directement à la pratique.

XLIV.

Dans les aphorismes précédens, nous avons traité des exemples qui sont destinés à prêter secours aux sens, et qui se rapportent principalement à la partie informative ou à la théorie; car l'information commence aux sensations : or, toute l'opération intellectuelle se termine par les œuvres; et comme la simple connoissance en est le commencement, l'exécution en est la fin. Ainsi, dans les aphorismes suivans, nous traiterons principalement des exemples qui se rapportent spécialement à la pratique ou partie opérative.

Ces exemples sont de *deux genres*, et forment, en tout, *sept espèces*, que nous comprenons ordinairement sous la dénomination commune d'*exemples pratiques*. Or, la pratique est susceptible de *deux vices* ou *défauts*, auxquels répondent *deux genres de perfections* dont elle est aussi susceptible; car l'opération peut être ou *trompeuse* ou *onéreuse*. Si l'opération est quelquefois trompeuse, même après une recherche des propriétés qui a d'ailleurs toute l'exactitude nécessaire, c'est sur-tout parce qu'on a *mal déterminé, mal mesuré* les *forces* et les *actions* des corps. Or, les forces ou actions des corps sont circonscrites et *mesurées*, ou par les *espaces* qui sont les parties du *lieu*, ou par les *instans* qui sont les parties du *temps*, ou par la *quantité de matière*, ou par la *prédominance de telle vertu* (1). Si ces quatre choses n'ont été bien examinées et bien pesées, les sciences pourront être fort belles dans la théorie, mais elles seront inutiles dans la pratique. Or, ces quatre genres d'exemples qui se rapportent à notre objet actuel, pour les comprendre tous sous un seul nom, nous les appellerons *exemples mathématiques*, ou *exemples de mesure*.

La pratique devient *onéreuse*, ou parce qu'avec les choses *nécessaires* on en mêle d'*inutiles*, ou par l'*excessive multiplication des instrumens*, ou à cause de la *grande quantité de matière* qui semble nécessaire pour produire tel effet

---

(1) Qualité, propriété, manière d'être, mode actif ou passif, force, etc. Quoique le mot ait vieilli, nous serons quelquefois obligés de l'employer, faute d'équivalent, et parce qu'il n'y attache point de signification fixe. Il l'emploie le plus souvent pour désigner les *forces* ou *modes actifs*, comme on le voit par ce qui précède.

ou exécuter tel ouvrage. Ainsi, l'on doit attacher le plus grand prix aux exemples qui ont la propriété de diriger la pratique vers les objets les plus intéressans pour le genre humain, ou d'épargner une partie des instrumens, ou d'économiser sur les matières, et (s'il est permis d'employer cette expression) sur le *mobilier*. Or, pour désigner aussi par un seul nom les trois espèces d'exemples qui se rapportent à ce triple but, nous les appellerons exemples *propices* ou *favorables* (1). Nous allons traiter successivement et en détail, de ces sept différentes espèces d'exemples; et ce sera par cet exposé que nous terminerons cette partie, qui a pour objet les prérogatives ou dignités des différentes classes d'exemples.

---

(1) Comme cette *vague* dénomination n'est, à proprement parler, qu'une *affectation*, nous y substituerons celle-ci, exemples *économiques* ou *simplificatifs;* car retrancher l'inutile et épargner une partie des instrumens ou des matières, c'est simplifier et économiser.

CHAPITRE Ier.

Exemples mathématiques.

XLV.

Nous mettrons au vingt-unième rang, parmi les prérogatives des faits, les exemples de *la verge* ou du *rayon* (1), que nous appellons aussi assez souvent exemples de *portée* (ou de *non plus ultrà*); car les forces ou actions des corps se font sentir, et leurs mouvemens ont leurs effets dans des espaces, non pas infinis ou fortuits, mais limités, fixés et déterminés. Or, ces espaces, dans toutes les natures qui peuvent être l'objet de nos recherches, il importe fort à la pratique de les déterminer avec précision, et d'en bien marquer les limites ; et cela non-seulement pour ne pas manquer le but dans l'exécution, mais en-

───────────

(1) De *radiation* ou de *rayonnement*.

core afin de donner à la pratique plus d'étendue et de puissance. Car on est quelquefois maître de donner aux forces ou actions une plus longue portée, et de rapprocher, en quelque manière, les choses éloignées, en diminuant l'effet de la distance, comme le font les télescopes, lunettes, etc. Mais il est des vertus (et en assez grand nombre), qui n'agissent et n'affectent que dans le seul cas d'un contact immédiat et manifeste; c'est ce qui a lieu dans le choc des corps, où l'un ne peut déplacer l'autre, si le corps poussant ne touche le corps poussé. Les remèdes qu'on applique extérieurement, comme emplâtres, onguens, etc. n'exercent pas leur action, et ne produisent pas leurs vrais effets, si on ne les met en contact avec le corps. Enfin, les objets du tact et du goût n'excitent point de sensation, s'ils ne sont contigus aux organes respectifs. Il est d'autres vertus qui agissent à distance, mais à des distances très petites; propriétés dont on n'a encore observé qu'un petit nombre, quoiqu'elles soient en plus grand nombre qu'on ne le soupçonne. Et pour tirer nos exemples des sources les plus connues, c'est ainsi que le succin (l'ambre jaune) et le jais attirent les pailles et autres corps légers; que les bulles d'un fluide, approchées l'une de l'autre, se dissolvent réciproquement (1); que certains purgatifs tirent les humeurs des parties supérieures du corps, et ainsi des autres effets semblables. Cette vertu magnétique, par laquelle le fer et l'aimant, ou deux aimans, ou deux fers aimantés, se portent l'un vers l'autre, agit dans toute sa sphère d'activité; sphère qui est déterminée, mais fort petite. Au lieu que, s'il existe en effet une vertu qui émane de la terre même (c'est-à-dire de ses parties un peu intérieures), et qui influe sur une aiguille de fer, du moins quant à sa direction vers les pôles, cette action-là s'exerce à une grande distance.

---

(1) Désunissent les parties l'une de l'autre, et se réunissent pour ne former qu'un seul tout.

De plus, s'il est quelque force magnétique qui ait pour cause une certaine corrélation ou affinité entre le globe terrestre et les corps pesans, ou entre le globe de la lune et les eaux de la mer, force dont l'existence est rendue assez probable par cette variation périodique et d'un demi-mois, qu'on observe dans les flux et les reflux; ou enfin, une corrélation entre le ciel étoilé et les planètes, par laquelle ces planètes soient élevées et comme appellées à leurs apogées, toutes ces forces agissent à de très grandes distances (1). On trouve aussi des matières

---

(1) Lorsque le soleil, la terre et jupiter se trouvent sur la même ligne (ces deux planètes étant du même côté), cette dernière planète, appellant, pour ainsi dire, à elle le globe terrestre, doit alonger un peu la ligne des apsides et l'ellipse que la terre décrit cette année-là autour du soleil. Ensorte que, si toutes les planètes étoient sur une même ligne; savoir : vénus et mercure d'un côté du soleil, et la terre, la lune, mars, jupiter et saturne du côté opposé, alors saturne tirant à lui jupiter, qui tireroit à lui mars, lequel attireroit

qui s'enflamment ou qui prennent feu à des distances assez grandes ; c'est ce

---

la lune qui attireroit aussi la terre du même côté, il résulteroit, de toutes ces attractions réunies, une altération très sensible dans le mouvement annuel de la terre, son orbite elliptique s'alongeroit considérablement, elle s'éloigneroit beaucoup du soleil, et se refroidiroit sensiblement. Mais, cet alignement cessant bientôt, la terre, semblable à un ressort qu'on abandonneroit à lui-même après l'avoir comprimé, se rapprocheroit du soleil à peu près autant qu'elle s'en seroit éloignée ; la chaleur augmenteroit à sa surface à peu près autant qu'elle auroit d'abord diminué ; et cette planète feroit des espèces de vibrations accompagnées d'une augmentation ou d'une diminution de chaleur, alternatives et réciproquement proportionnelles au quarré de la variation de sa distance à l'astre central. Il ne seroit même pas tout-à-fait impossible de déterminer le temps qui s'écoule entre les deux époques où cet alignement a lieu. Il semble que, pour avoir cette détermination, il suffiroit de chercher, pour chacune des quatre planètes dont nous parlons, les *intervalles de temps écoulés entre plusieurs de ses oppositions diamétrales*, prises deux à deux; de prendre ensuite quatre termes moyens; enfin de les multiplier les uns par les autres; et le produit

qu'on rapporte de la naphte babylonique (1). La chaleur se communique aussi à de fort grandes distances; il en faut dire autant du froid. Par exemple, les habitans des contrées voisines du Canada observent que ces masses glaciales qui, après s'être détachées des terres,

---

total exprimeroit la distance entre les deux époques.

Pour ce qui est de la quantité de l'éloignement et du rapprochement dont il s'agit, c'est au citoyen Lalande qu'il faut demander cette détermination ; ce problème ne seroit qu'un jeu pour lui, car Newton a pesé les quatre planètes ; et cette loi de Kepler (les cubes des distances de toutes les planètes à l'astre central sont comme les quarrés de leurs temps périodiques) donne les distances respectives de Mars, de Jupiter et de Saturne ; quantités relatives qu'il est aisé de convertir en quantités absolues, à l'aide de la distance absolue de la terre au soleil, et de celle de la lune à la terre, qu'on a déterminées par le moyen de leurs angles parallictiques, et du rayon terrestre qui sert de base à l'arpenteur céleste.

(1) Voyez dans les vies de Plutarque la relation de l'entrée d'Alexandre dans Babylone.

flottent dans l'océan septentrional, et se portent, par la mer atlantique, vers ces côtes dont nous parlons, lancent, pour ainsi dire, le froid, et se font sentir de fort loin (1). Les odeurs également se font sentir à des distances notables; mais alors il y a toujours quelque émission de substance vraiment corporelle. C'est ce

---

(1) Dans mon voyage à Terre-Neuve, lorsque nous traversions *la banquise;* c'est-à-dire, ce nombre infini de glaces, de toute forme et de toute grandeur, dont la mer, dans ces parages, est presque entièrement couverte, et qui s'étendent jusqu'à soixante, soixante-dix et même quatre-vingts lieues des côtes, j'observai qu'au moment où quelqu'une de ces masses énormes étoit, par rapport à nous, à peu près dans la direction du vent régnant, ce vent qui avoit effleuré et, en quelque manière, *léché* cette masse glaciale, étoit très froid et très pesant; effet dont une partie se faisoit sentir, non-seulement à nous, mais même à nos voiles et à notre vaisseau, dont il augmentoit la vitesse, excepté à l'instant où la glace étant précisément dans la direction du vent, nous l'ôtoit en partie; ce qui occasionnoit un calme de quelques minutes.

qu'observent ordinairement ceux qui font voile près des rivages de la Floride ou de certaines côtes de l'Espagne, où il y a des forêts entières de citroniers, d'orangers et d'autres arbres odoriférans, ou de grands espaces couverts de romarin, de marjolaine et d'autres plantes analogues (1). Enfin, les radiations de la lumière et les impressions des sons s'étendent à de fort grandes distances.

Mais toutes ces forces ou vertus, soit qu'elles agissent à de grandes ou à de petites distances, agissent certainement,

---

(1) Durant ce même voyage dont j'ai parlé dans la note précédente, en allant de Terre-Neuve à Marseille, lorsque nous approchions du cap Saint-Sébastien en Portugal, nous vîmes, un matin à la pointe du jour, notre chien se tenir aux sabords en levant fréquemment le nez et flairant d'une manière marquée, ce qui nous fit juger que nous étions beaucoup plus près de terre que nous n'avions cru l'être d'après notre estime. En effet, une heure après, nous respirâmes nous-mêmes l'odeur de ces orangers et citroniers dont parle ici Bacon.

dans tous les cas, à des distances déterminées et fixées par la nature; ensorte qu'il se trouve là une sorte de *non plus ultrà*, qui est en raison de la masse ou quantité de matière des corps, de l'intensité, plus ou moins grande, des vertus; enfin, des facilités ou des obstacles résultans de la nature des milieux où s'exercent ces actions, toutes choses calculables, et dont il faut déterminer avec soin la quantité. Ce n'est pas tout : les mesures de ces mouvemens que l'on qualifie ordinairement de *violens* (tels que ceux des armes de trait, des armes à feu, et en général des corps lancés, des roues et autres semblables), ayant aussi manifestement leurs limites certaines et fixes, doivent également être observées et déterminées avec la plus grande exactitude.

S'il est des vertus qui agissent dans le contact, et non à distances, il en est d'autres qui agissent à distances et non dans le contact, qui en outre agissent plus foiblement à une distance moindre, et avec plus de force à une plus grande distance. La vision, par exemple, s'opère imparfaitement dans le contact; mais elle a besoin d'un milieu et d'une certaine distance. Cependant je me souviens d'avoir ouï dire à un personnage digne de foi, qu'au moment où on lui faisoit l'opération de la cataracte (opération qui consiste à introduire une aiguille d'argent sous la cornée; à détacher cette pellicule qui forme la cataracte, et à la pousser dans l'un des angles de l'œil), il avoit vu le mouvement de cette aiguille, à l'instant où elle passoit sur sa prunelle. Mais, en supposant même que le fait soit vrai, il n'en est pas moins certain qu'on ne voit bien clairement et bien distinctement les grands corps qu'à la pointe du cône formé par les rayons qui s'élancent de l'objet placé à une certaine distance de l'œil (1). De plus, les

---

(1) Lorsque les rayons qui viennent de chaque point d'un corps lumineux par lui-même, ou éclairé par réflexion, peuvent, après avoir été réfractés

vieillards voient mieux les objets d'un

et rendus convergens par les trois humeurs de l'œil, se réunir assez pour ne former qu'une espèce de point sur la rétine ou sur la choroïde (car Petit, Jurin, Lecat et les autres écrivains qui ont traité cette matière, ne sont point d'accord sur la partie de l'œil qui est l'organe immédiat de la vue et le siège propre de la faculté visuelle), alors la vision est claire et distincte. Mais, lorsque les trois humeurs de l'œil étant trop réfringentes, les rayons, après les trois réfractions, sont trop convergens, ils se réunissent trop tôt et en deçà de la partie sensible de l'œil. Au contraire, lorsque ces humeurs étant trop peu réfringentes, les rayons, après les trois réfractions, ne sont pas assez convergens, ils se réunissent trop tard et au-delà de cette partie sensible. Dans ces deux cas, au lieu de ne former qu'un point sur la partie sensible de l'œil, ils y forment un petit cercle; et tous ces petits cercles empiétant les uns sur les autres, il en résulte une image confuse, et l'objet est vu confusément. C'est pourquoi l'on donne aux myopes, dont les humeurs trop réfringentes réunissent trop tôt les rayons lumineux, un verre concave qui, en les rendant moins convergens, fait qu'ils se réunissent plus tard; et aux presbytes, dont les humeurs trop peu réfringentes les réunissent trop

peu loin que de fort près (1). Quant aux armes de traits et aux corps lancés, il est certain que le coup est moins fort de très près, que d'un peu loin. Ces circonstances, et autres semblables, relatives à cette partie de la mesure des mouvemens, qui a pour objet la détermination des distances, doivent être observées avec le plus grand soin.

Il est un autre genre de mesure locale des mouvemens, qu'il ne faut pas non plus négliger; il a pour objet, non les mouvemens *progressifs*, mais les mouvemens *sphériques*, c'est-à-dire, ceux *d'expansion* et de *contraction*, en vertu desquels les corps tendent naturellement,

---

tard, un verre convexe qui, en rendant ces rayons plus convergens, fait qu'ils se réunissent plutôt.

(1) Parce que les humeurs de leurs yeux étant moins réfringentes que celles des yeux des jeunes gens, il faut, pour que les rayons lumineux se réunissent sur la partie sensible de l'œil, qu'ils soient moins divergens lorsqu'ils entrent dans l'œil, et par conséquent qu'ils viennent d'un objet plus éloigné.

ou se prêtent à occuper un plus grand ou un moindre espace. Car, entr'autres mesures de mouvemens, il importe beaucoup de savoir précisément à quel degré de compression ou d'extension les différentes espèces de corps se prêtent aisément et sans effort; de marquer le point où ils commencent à résister; en un mot, de bien déterminer le maximum ou *non plus ultrà*, à l'un ou l'autre égard. On voit un exemple de la première espèce dans une vessie enflée, lorsqu'on vient à la comprimer. Car, tant que la compression de l'air ne passe pas un certain point, la vessie soutient cet effort; mais si l'on appuie davantage, l'air ne se laisse plus comprimer, et la vessie se rompt (1).

---

(1) Ce n'est pas que l'air, en pareil cas, ne puisse plus souffrir la compression; car on le comprime bien davantage dans la crosse de l'*arquebuse à vent*, ou dans la capacité du vaisseau connu sous le nom de *fontaine de compression*; et le docteur *Desaguliers* est parvenu à comprimer ce fluide douze cents fois plus qu'il ne l'est dans son état ordinaire et moyen: mais c'est que la vessie venant

Mais nous-mêmes, à l'aide d'une expérience plus délicate, nous avons obtenu une détermination plus exacte en ce genre. Nous prîmes une clochette de métal, fort mince, fort légère, et semblable à celles qui nous servent de salière. Nous la plongeâmes dans une cuvette remplie d'eau, de manière qu'elle entraînoit avec soi, jusqu'au fond de la cuvette, l'air renfermé dans sa propre concavité. Sur ce fond, nous avions d'abord mis une balle au dessus de laquelle devoit être placée la clochette; et tel fut notre résultat dans deux différens cas. Lorsque la balle étoit fort petite par rapport à la concavité de la clochette, l'air se resserroit pour occuper un moindre espace; mais, lorsque la balle étoit trop grande pour que l'air cédât aisément, alors cet air ne pouvant plus soutenir une plus grande pression, soulevoit, d'un côté ou

---

à se rompre, et l'air n'y étant plus retenu, il ne peut plus y être comprimé, quoiqu'il puisse l'être davantage dans des vaisseaux d'une plus grande résistance.

de l'autre, la clochette, et s'élevoit par bulles à la surface de l'eau.

De plus, après avoir éprouvé jusqu'à quel point l'air est compressible, pour savoir ensuite jusqu'à quel degré il est extensible, nous fîmes l'expérience suivante. Nous prîmes un œuf de verre qui avoit un trou à l'un de ses bouts; à l'aide d'une forte succion, nous le vuidâmes d'air en partie, par ce trou que nous bouchâmes aussi-tôt avec le doigt. Puis, ayant plongé cet œuf dans l'eau, nous ôtâmes le doigt. Cela posé, l'air tendu par la succion, mis, par ce moyen, dans une sorte d'état violent, dilaté fort au-delà de son volume naturel, et tendant, par cela même, à se contracter, à occuper un moindre espace (de manière que si l'œuf n'eût pas été plongé dans l'eau, l'air extérieur s'y seroit porté avec rapidité et en produisant un sifflement); cet air, dis-je, en se resserrant, tira l'eau après soi, jusqu'à ce que ce liquide fût dans l'œuf en quantité suffisante pour que l'air n'y occupât plus qu'un espace égal à celui qu'il occupoit avant la succion.

Il est donc certain, comme nous venons de le dire, que les corps très ténus, tels que l'air, sont susceptibles d'un certain degré notable de contraction; au lieu que les corps tangibles, tels que l'eau, sont beaucoup moins compressibles, ou beaucoup plus difficiles à réduire à un moindre volume. Mais jusqu'à quel point se laissent-ils comprimer? C'est ce que nous avons déterminé par l'expérience suivante.

Nous fîmes jeter en moule une sphère de plomb creuse, qui pouvoit contenir environ deux pintes, et dont les côtés, assez épais, étoient en état de résister à une très grande force. Nous la remplîmes d'eau par un trou que nous y avions fait. Puis, nous bouchâmes ce trou avec du plomb fondu; de manière que ce plomb étant refroidi et consolidé, la sphère devenoit toute solide. Ensuite, nous applatîmes cette sphère par deux côtés opposés, en la frappant avec un gros marteau. Une conséquence nécessaire de cet applatissement, étoit que l'eau occupât un moindre espace, la sphère étant de tous les solides (de même diamètre) celui qui a le plus de capacité. Lorsque nous vîmes que les coups de marteau ne faisoient plus rien, nous fîmes usage d'une presse ; ensorte qu'à la fin l'eau ne se laissant plus comprimer, se filtroit à travers le plomb, sous la forme d'une rosée fine. Enfin, déterminant, par le calcul, la diminution de volume qui avoit dû résulter de l'applatissement, nous sûmes ainsi que l'eau s'étoit comprimée d'autant ; effet toutefois que nous ne pouvions attribuer qu'à la force prodigieuse que nous avions employée pour comprimer cette sphère (1).

Les corps plus solides, plus secs et plus compacts, tels que la pierre, le bois ou le métal, sont encore moins susceptibles de compression et d'extension, ou

---

(1) On attribue ordinairement cette belle expérience à l'académie *del Cimento* en Toscane ; et ce n'est pas la seule qu'on ait dérobée à notre auteur, sans le citer, comme on le verra dans ses dix centuries d'histoire naturelle, dont nous publierons la traduction immédiatement après celle-ci.

ne s'y prêtent qu'à un degré presque imperceptible; mais ils se délivrent de la violence qu'on leur fait, en se brisant ou en se portant en avant, ou par des mouvemens et des efforts de toute autre espèce. C'est ce dont on voit des exemples dans les bois ou les métaux que l'on courbe avec effort; dans les horloges qui ont pour moteur un ressort composé d'une lame de métal pliée en deux; dans les armes de trait et les corps lancés; dans les corps qu'on frappe avec un marteau, et dans une infinité d'autres mouvemens semblables. Or, tous ces effets si diversifiés, il faut en tenir compte dans l'étude de la nature, et les observer avec soin, en y joignant leurs mesures, soit par l'exacte détermination des quantités, soit par simple estimation, soit enfin par des comparaisons; en un mot, par les moyens qu'on a en sa disposition.

XLVII.

Nous mettrons au vingt-deuxième rang les exemples de *cours,* auxquels nous donnons ordinairement le nom d'exemples de *clepsidre* (1), en empruntant le nom de ces horloges dont les anciens faisoient usage, et où ils mettoient de l'eau au lieu de sable. Ce sont ceux qui mesurent les actions ou mouvemens naturels, par les divisions du temps, comme les exemples de *la verge* les mesurent par les divisions de l'espace (2). Car toute action ou mouvement naturel a nécessairement une certaine durée. Il en est de lents et de rapides; mais, quelle que soit leur vîtesse, toujours est-il vrai qu'ils s'exécutent dans un nombre d'instans déterminé et fixé par la nature. Ces

---

(1) L'original dit : d'*exemples d' l'eau* (ad aquam); mais, comme cette dénomination ressemble trop au cri de ces utiles et robustes citoyens qui distribuent presque gratuitement aux habitans de la capitale la plus insipide et la plus nécessaire de toutes les liqueurs, nous avons cru devoir la changer.

(2) Ils mesurent les mouvemens en déterminant le temps que les corps emploient à parcourir des espaces connus, comme les exemples de la *verge* les mesurent en déterminant les espaces que les corps parcourent dans des temps connus.

actions mêmes qui semblent être subites, et qui s'exercent (comme on le dit communément) en un clin d'œil, ne laissent pas, lorsqu'on les considère avec plus d'attention, de paroître susceptibles de plus et de moins par rapport à leur durée.

Par exemple, nous voyons que les révolutions des planètes s'achèvent dans des espaces de temps calculés et connus. Il en est de même du flux et du reflux de la mer. Ce mouvement, par lequel les corps graves se portent vers le globe terrestre, et les corps légers vers la circonférence des cieux, a aussi une certaine durée qui varie selon la nature des corps qui se meuvent, et celle du milieu qu'ils traversent. Le mouvement d'un vaisseau à la voile, ceux des animaux et ceux des armes de trait, et en général des corps lancés, tous ces mouvemens s'exécutent dans des espaces de temps qui, du moins pris en somme, sont calculables. Quant à ce qui regarde la chaleur, nous voyons que les enfans, durant l'hiver, se lavent, pour ainsi dire, les mains dans la flamme, sans se brûler; que les faiseurs de tours, à l'aide de certains mouvemens, prestes et précis, renversent et relèvent un vase rempli de vin ou d'eau, et lui font faire le tour entier, sans répandre la liqueur (1). Il n'est pas jusqu'aux compressions et aux dilatations, ou aux éruptions des corps, qui ne s'opèrent, les unes plus vite, les autres plus lentement, selon la nature du mouvement et du corps mu, mais toujours dans des espaces de temps dé-

---

(1) La véritable cause ici est bien la vitesse avec laquelle ils tournent ce vaisseau; mais ce n'est pas seulement en tant que ce vaisseau, après avoir été retourné, revient à la situation droite, avant que la liqueur ait eu le temps de tomber; c'est sur-tout lorsque le mouvement est fort vif, parce qu'en vertu de la force centrifuge, produite par ce mouvement, la liqueur tendant successivement à s'échapper par les tangentes aux différens points du cercle qu'elle décrit, elle presse ainsi le fond du vaisseau. Et comme, dans les instans où ce vaisseau est renversé, la force centrifuge est plus grande que la force de pesanteur, l'effet de la première l'emportant, la liqueur ne doit pas tomber.

terminés. On sait aussi que, dans l'explosion de plusieurs canons tirés tous à la fois, et dont le bruit se fait entendre quelquefois jusqu'à la distance de trente milles, ceux qui se trouvent près de l'endroit où se fait cette décharge d'artillerie, l'entendent plutôt que ceux qui en sont éloignés. Dans la vision, genre de sensation qui dépend d'une action très rapide, pour que l'impression soit sentie, il faut qu'elle soit d'une certaine durée; c'est ce dont on voit un exemple dans les corps dont l'extrême vîtesse rend le mouvement invisible; tel est celui d'une balle de mousquet. Car le passage de la balle est si rapide, que son mouvement n'a pas le temps de faire impression sur l'organe de la vue (1).

Cet exemple, et d'autres semblables, ont fait naître dans notre esprit un soupçon qui a je ne sais quoi d'étrange et de bizarre. Doit-on croire, nous disions-

---

(1) La durée de son passage est beaucoup plus courte que celle que devroit avoir l'impression de son image pour devenir sensible.

nous, qu'un ciel serein et semé d'étoiles est vu dans le temps même où il est réellement tel, ou qu'il ne l'est qu'un peu de temps après; et dans l'observation des corps célestes, ne faudroit-il pas distinguer un temps vrai et un temps apparent, comme on distingue un lieu vrai et un lieu apparent? distinction que les astronomes ne manquent pas de faire relativement aux parallaxes (1); tant il nous paroissoit incroyable que les rayons

---

(1) La parallaxe d'un astre est l'arc céleste compris entre le point du ciel auquel un spectateur placé au centre de la terre rapporteroit le centre de cet astre, et le point auquel le rapporteroit un autre spectateur placé à la surface du globe : cet arc est la mesure de l'angle *parallactique* qui a son sommet au centre de l'astre, et pour côtés, deux lignes tirées de ce centre à ces deux points du ciel; angle égal à celui qui, ayant aussi son sommet au centre de cet astre, a pour base le rayon terrestre. C'est ordinairement de celui-ci qu'on se sert pour déterminer la distance de cet astre à la terre; parce que, dans le triangle rectangle dont cet angle fait partie, on a une base connue, savoir : ce rayon.

des corps célestes pussent traverser si rapidement tant de milliards de lieues, et frapper l'œil en un instant. Il nous sembloit plutôt qu'ils devoient employer un certain temps à franchir une si prodigieuse distance (*a*). Mais ce doute (du moins par rapport à une différence notable entre le temps apparent et le temps vrai) s'est ensuite entièrement dissipé, dès que nous sommes venus à considérer quel immense déchet doivent essuyer les rayons lumineux en parcourant de si grands espaces, et combien l'image formée par le corps réel de l'étoile doit être affoiblie, au moment où l'œil la reçoit; dès que nous avons considéré de plus qu'ici bas les corps blanchâtres seulement sont apperçus en un instant à la plus grande distance, et tout au moins à celle de soixante milles. Car il n'est pas douteux que la lumière des corps célestes doit, quant à la force de la radiation, l'emporter infiniment, non-seulement sur la couleur d'un blanc éclatant, mais même sur la lumière de toutes les flammes qui peuvent se trouver autour de nous. De plus, cette vîtesse prodigieuse du corps même des astres emportés par le mouvement diurne, a étonné certains hommes graves et judicieux; à tel point qu'ils ont mieux aimé croire au mouvement de la terre, qu'à celui de la sphère céleste; cette vîtesse, dis-je, rend plus croyable la force avec laquelle les astres dardent leurs rayons, et la rapidité avec laquelle leur lumière franchit ces espaces immenses (*b*). Mais ce qui a le plus contribué à fixer notre opinion sur ce point, c'est que s'il y avoit en effet un intervalle de temps notable entre la présence réelle d'un astre et la vision, les images visuelles seroient souvent interceptées ou rendues confuses par les nuages qui pourroient s'élever tandis qu'elles traverseroient l'espace, et par d'autres semblables changemens survenus dans le milieu qu'elles ont à traverser (*c*). Quoi qu'il en soit, en voilà assez sur les mesures absolues des mouvemens.

Mais il ne suffit pas de déterminer ces mesures absolues des mouvemens et des actions, il est également nécessaire, il importe même beaucoup plus de les déterminer comparativement; ces comparaisons mènent à une infinité de conséquences et d'applications utiles. Or, l'on sait que, dans l'explosion d'une arme à feu, on voit la lumière assez long-temps avant d'entendre le coup, quoique la balle doive frapper l'air plutôt que ne le fait la flamme, qui, étant derrière, ne peut sortir qu'après cette balle; différence qui vient de ce que le mouvement de la lumière est beaucoup plus rapide que celui du son. Nous voyons aussi que l'organe de la vue reçoit beaucoup plus promptement les images visuelles (1), qu'il ne les laisse échapper. Voilà pourquoi une corde d'instrument, poussée par le doigt avec une certaine

___

(1) Qu'il faut moins de temps pour rendre sensible l'impression de l'image visuelle, que pour faire cesser ce sentiment.

force, paroît double ou triple ; l'œil commençant à voir la seconde et la troisième image, avant d'avoir cessé de voir la première. C'est par la même raison qu'un anneau qu'on fait tourner, paroît une sphère, et qu'un flambeau qu'on transporte avec une certaine vîtesse, semble avoir une queue.

C'est même sur ce fondement de l'inégalité des mouvemens, quant à la vîtesse, que Galilée a appuyé l'hypothèse à laquelle il a recours, pour expliquer le flux et le reflux de la mer. Selon lui, le globe terrestre tournant avec plus de vîtesse que les eaux placées à sa surface, et ces eaux montant les unes sur les autres, elles s'entassent ainsi et retombent ensuite ; deux effets alternatifs et périodiques qui ont de l'analogie avec ce qu'on observe dans un bassin, en partie rempli d'eau, auquel on imprime un mouvement rapide (1). Mais il n'a ima-

---

(1) L'eau n'acquérant pas d'abord toute la vîtesse du mouvement imprimé au bassin, reste,

giné cette hypothèse qu'en supposant qu'on lui accorderoit ce qu'on ne peut réellement lui accorder ; savoir : le mouvement diurne de la terre ; et d'ailleurs, faute d'être suffisamment instruit de ce mouvement de la mer, qui a lieu de six heures en six heures (1).

---

pour ainsi dire, en arrière, et semble se porter vers le côté postérieur de ce bassin ; puis, quand elle a acquis toute cette vitesse, elle retombe et se remet de niveau.

(1) Selon toute apparence, Galilée, *physicien* de profession, et même le premier physicien de son temps, étoit beaucoup mieux informé de ces choses-là que le *chancelier* Bacon, qui, sur certaines parties de la physique, principalement sur l'astronomie, et sur cette partie des phénomènes inférieurs qui s'y rapporte, ainsi que les marées, n'étoit pas même au courant de son siècle, comme je m'en apperçois fréquemment en comparant ses opinions avec une infinité d'observations qui alors avoient déjà été faites. Mais Galilée pensoit peut-être que cette accumulation des eaux qui ne peut aller à l'infini, et qui a nécessairement un terme, parvient en six heures au point de son maximum ; et qu'ensuite, les eaux sont forcées de retomber

Mais un exemple de ce que nous avons en vue, c'est-à-dire, des mesures comparatives des mouvemens, et qui est en même temps une preuve de l'utilité du sujet que nous traitons, ce sont les mines, où des masses énormes de terre, de fortifications, d'édifices et autres corps semblables, sont renversées ou sautent en l'air, par l'explosion d'une très petite quantité de poudre. Voici la raison de ses prodigieux effets. Le mouvement expansif de la poudre, qui donne l'impulsion, est infiniment plus rapide que celui de la pesanteur qui pourroit opposer quelque résistance; ensorte que le premier mouvement est achevé avant que le mouvement contraire soit commencé. De même, lorsqu'on veut lancer, jeter,

---

peu à peu en six autres heures, pour se relever de nouveau et retomber encore. Cette explication sans doute n'est pas excellente ; mais il vaut mieux prêter de telles idées à Galilée, que le supposer, à l'exemple de notre auteur, mal instruit des faits qu'il connoissoit le mieux.

chasser fort loin un corps, on y réussit moins par un coup fort que par un coup vif et sec (*d* ; sans quoi, comment se pourroit-il qu'une si petite quantité d'esprit dans les animaux, sur-tout dans des animaux aussi gros que le sont la baleine ou l'éléphant, fût suffisante pour mouvoir et gouverner une si grande masse corporelle, si ce n'étoit la vîtesse prodigieuse des mouvemens de l'esprit, et la lenteur de cette masse corporelle à résister (*e*) ?

Enfin, le principe dont il est question ici, est un des principaux fondemens des expériences de la *magie,* dont nous parlerons ci-après; expériences où une très petite masse en surmonte une fort grande et la maîtrise; c'est-à-dire, qu'il faut faire ensorte que de deux mouvemens, l'un, par la grande supériorité de sa vîtesse, prévienne l'autre, et s'achève avant que cet autre commence.

Enfin, la considération de ce qui précède ou suit, de ce qui est premier ou dernier, n'est pas non plus à négliger.

Par exemple, il est bon d'observer que, dans une infusion de rhubarbe, on obtient d'abord la qualité purgative, puis l'astrictive. Nous avons éprouvé quelque chose de semblable relativement à l'infusion de violette dans du vinaigre; opération où l'on extrait d'abord l'odeur la plus suave et la plus délicate de la fleur, puis une partie plus terrestre qui altère cette odeur. C'est pourquoi, si l'on met des violettes à infuser durant vingt-quatre heures, l'on n'obtient ainsi qu'une odeur très foible. Mais, comme l'esprit odorant (recteur) de cette fleur est en très petite quantité, si l'on réitère six fois l'infusion, en ayant chaque fois l'attention de ne la faire durer qu'un quart d'heure, et de renouveller les violettes, alors on aura un extrait de la première qualité. Par le moyen de cette réitération, quoique les violettes, ainsi renouvellées, ne soient restées qu'une heure et demie en infusion, on obtiendra une odeur qui ne le cédera point à celle de la plante même, et qui subsistera une année entière. Il faut observer, cependant, que cette odeur ne sera dans toute sa force qu'environ un mois après l'infusion.

Si l'on tourne son attention vers les plantes aromatiques macérées dans l'esprit de vin, puis distillées, on verra que ce qui s'élève d'abord n'est qu'un phlegme, qu'une substance purement aqueuse, et qui n'est d'aucun usage ; puis monte une eau plus spiritueuse ; ensuite une eau plus chargée de parties aromatiques. Il est dans les distillations une infinité de différences de cette nature qui méritent d'être remarquées : mais en voilà assez pour de simples exemples.

XLVII.

Nous mettrons au vingt-troisième rang les exemples de *quantité*, que nous appellerons aussi les *doses de la nature* (en empruntant un terme de la médecine) ; ce sont ceux qui mesurent les vertus (forces, actions) des corps, par comparaison avec leur quantité de matière, et qui nous apprennent suivant quelles proportions cette quantité de matière influe sur l'intensité de la vertu. Or, en premier lieu, il est des vertus ou propriétés qui ne subsistent que dans une certaine quantité *cosmique;* c'est-à-dire, qui a une certaine corrélation ou proportion avec la configuration et l'ensemble de l'univers. Par exemple, la terre est immobile, et ses parties tombent. Les eaux de la mer ont leur flux et leur reflux; élévation et abaissement alternatifs, qui n'ont pas lieu dans les fleuves, à moins que la mer n'y remonte. La plupart des vertus agissent aussi en raison du plus ou du moins dans la quantité de matière du corps qui en est doué. Par exemple, les grandes masses d'eau ne se corrompent pas aisément ; les petites, beaucoup plus vîte. Le moût et la biere, dans de petites outres, mûrissent plus vîte et deviennent plutôt potables que dans de grands tonneaux. Si l'on met des herbes dans une grande quantité de liqueur, on a plutôt une *infusion* qu'une *imbibition;* mais si la liqueur est en petite quantité, on a plutôt une *imbibition* qu'une *infusion*. Autre est, sur le corps humain, l'effet du bain ; autre, celui d'un léger arrosement (des *douches*). De plus, les petites rosées répandues dans l'air ne tombent jamais ; elles se dissipent et s'incorporent avec ce fluide. De même, et comme on peut s'en assurer par ses propres observations, si l'on pousse son haleine sur un diamant, ce peu d'humidité qui s'y attache, se résout et disparoît aussi-tôt, semblable à un léger nuage que le vent dissipe. Un petit morceau d'aimant n'attire pas un aussi gros morceau de fer, que l'aimant tout entier. Il est aussi des propriétés par rapport auxquelles la petite quantité peut plus que la grande. C'est ce qui a lieu, lorsqu'il s'agit de percer, de pénétrer ; une pointe aiguë pénètre plus vîte qu'une pointe obtuse ; un diamant taillé à facettes entame le verre, et ainsi des autres (1).

---

(1) Nous avons dit ailleurs qu'un des principaux moyens de la nature est la division et la subdivision. Mais comment la nature peut-elle opérer, à

Mais il ne faut pas s'en tenir ici aux quantités *indéfinies*; il faut de plus tâ-

l'aide d'un grand nombre de petits corps, ce qu'elle ne peut faire à l'aide d'un petit nombre de grands, même en supposant la somme des quantités de mouvemens beaucoup moindre dans le premier cas que dans le second? c'est ce que nous allons faire voir. 1°. Les petits corps ont, relativement à leur solidité, plus de surface que les grands : ainsi, à proportion de leur solidité, ils ont plus de prise que les grands sur ceux qu'ils attaquent, et donnent aussi plus de prise à ceux par lesquels ils sont attaqués ; ils touchent et sont touchés par un plus grand nombre de points. 2°. Ils sont plus mobiles. 3°. Ils sont plus pénétrans : par exemple, un fluide dont les parties sont très déliées, peut agir à l'intérieur des corps comme à l'extérieur. 4°. Par cela même que des molécules très déliées trouvent moins d'obstacles, elles peuvent réitérer plus souvent leur action. 5°. Non-seulement la subdivision des corps les met en état de modifier les autres corps par des actions plus multipliées; mais leurs parties ainsi détachées, sont aussi *plus actives*: comme elles sont, en quelque manière, *isolées*, elles n'exercent et n'épuisent point leurs forces sur d'autres ; il leur en reste donc davantage pour agir. Par exemple, soient les trois parcher de *déterminer les proportions respectives;* je veux dire, le rapport de la quantité de matière, dans les corps de chaque espèce, à l'intensité de la vertu. Car on est naturellement porté à croire que cette intensité est précisément proportionnelle à cette quantité; par exemple, qu'une balle de plomb de deux onces doit tomber deux fois plus vîte qu'une balle d'une once, ce qui est absolument faux (1), et les proportions ne sont pas,

---

ticules A, B, C, qui aient la propriété de s'attirer réciproquement, et d'attirer d'autres molécules analogues, si ces trois molécules se trouvant réunies et cohérentes, forment un tout, comme alors chacune d'elles exerce et épuise même sa force attractive sur les deux autres, il ne lui en reste plus, ou presque plus, pour agir sur une quatrième D, ou sur plusieurs autres. Au lieu que, si elle est isolée, toute sa force attractive lui restera pour agir sur les deux autres, ou sur d'autres encore également isolées, D, E, F, etc. ou sur un assemblage d'autres. Elle sera donc *plus active*. C'est une considération qui a trop souvent échappé aux plus grands physiciens.

(1) Dans un vuide parfait, elles emploieroient

à beaucoup près, les mêmes dans tous les genres de propriétés; elles sont le plus souvent fort différentes, quelquefois même contraires. Ainsi, c'est par l'observation et l'expérience même, qu'il faut

---

toutes deux précisément le même temps à tomber de la même hauteur; mais, dans un fluide, dans l'air, par exemple, la balle de deux onces tombera un peu plus vite que l'autre. Car la vitesse de chaque balle est, toutes choses égales, en raison inverse de la résistance que lui oppose le milieu qu'elle traverse. La résistance du milieu est, toutes choses égales, en raison directe de la surface des corps qui le traversent. Or, les grands corps ont, proportionnellement à leur solidité, moins de surface que les petits; car, les solidités des corps de figure semblable croissant comme les cubes de leurs diamètres, et leurs surfaces, seulement comme les quarrés de ces mêmes diamètres, il s'ensuit qu'un corps, dont le diamètre est double, triple, etc. de celui d'un autre corps de figure semblable, a deux, trois, etc. fois moins de surface, relativement à sa solidité. De plus, la quantité de mouvement des corps qui tombent, est, abstraction faite de la résistance des milieux, en raison directe de leurs masses; puisque, dans le vuide, ils tom-

déterminer ces mesures, et non d'après des conjectures ou probabilités.

Enfin, dans toute recherche sur les opérations de la nature, il faut s'assurer de la quantité de matière requise pour

---

bent tous avec la même vitesse. Ainsi, quoique la surface de la grosse balle soit, absolument parlant, plus grande que celle de la petite, et qu'elle perde, par la résistance de l'air, une quantité de mouvement plus grande que celle qui est perdue par la petite balle, en vertu de la même cause; cependant, comme la quantité de mouvement perdue par la grosse balle est plus petite, par rapport à la quantité totale de son mouvement, que la quantité de mouvement perdue par la petite balle ne l'est par rapport à la quantité totale du mouvement de celle-ci, il s'ensuit qu'après la soustraction des deux quantités de mouvement que perdent les deux balles par la résistance de l'air, le quotient de la quantité de mouvement de la grosse balle, divisée par sa masse, est plus grand que le quotient de la quantité de mouvement de la petite balle, aussi divisée par sa masse. Or, ces deux quotiens expriment les vitesses des deux balles, après cette soustraction. Donc la grosse balle doit tomber un peu plus vite que la petite.

produire chaque effet, et qui en est comme la *dose*.

XLVIII.

Nous mettrons, au vingt-quatrième rang, les *exemples* de *lutte*, que nous appellons aussi quelquefois *exemples* de *prédominance*. Ceux de cette classe indiquent les *prédominances* ou *cessions réciproques* des différentes espèces de propriétés ou de *vertus*. Ils apprennent à distinguer celles auxquelles la supériorité de force donne l'avantage sur les autres, d'avec celles que leur infériorité force à céder aux premières. Car les mouvemens, les tendances, les efforts, les propriétés de toute espèce se composent, se décomposent et se compliquent tout aussi-bien que les corps. Ainsi, nous donnerons d'abord l'énumération et la définition des principales espèces de mouvemens ou de vertus actives. Par ce moyen, leurs forces respectives étant plus faciles à comparer, les *exemples de lutte* et de *prédominance* en seront plus sensibles.

Soit le premier de ces mouvemens, le mouvement d'*antitypie* de la matière (1), lequel réside dans chacune de ses parties, et en vertu duquel elle résiste complettement à son anéantissement ; ensorte qu'il n'est ni incendie, ni poids, ni *dépression* (2), ni violence, ni laps de temps, qui puisse réduire absolument à rien, telle partie de la matière, quelque petite qu'on puisse l'imaginer ; qui puisse faire qu'elle cesse d'être quelque chose et d'occuper quelque lieu ; qui puisse empêcher (dans le cas même où elle seroit soumise à l'action la plus violente) qu'elle ne se délivre en changeant de forme ou de lieu ; ou qu'enfin, si tout moyen de se dégager lui est ôté, elle ne demeure telle qu'elle est ; quoi qu'on puisse faire, on ne fera jamais qu'elle ne soit rien ou qu'elle ne soit nulle part.

---

(1) L'impénétrabilité de la matière.
(2) La *dépression* est une pression de haut en bas; telle est celle qu'exerce un corps pesant sur celui qui le supporte.

Or, ce mouvement, l'*école* qui tire presque toujours ses définitions ou ses dénominations des simples effets, bons ou mauvais, des choses à définir ou à désigner, et non de leurs causes intimes, le désigne par cet axiôme : *deux corps ne peuvent exister en même temps dans un seul et même lieu.* Ou bien, selon elle, c'est le mouvement qui empêche qu'il n'y ait pénétration réciproque de dimensions. Comme ce mouvement est inhérent à tous les corps sans exception, il est inutile d'en donner des exemples.

Soit le second de ces mouvemens, celui de *liaison* (ou de continuité de corps à corps), par lequel un corps se refuse à sa séparation, même à celle de la moindre de ses parties, d'avec les autres corps ; tous ces corps tendans à s'unir et à demeurer en contact les uns avec les autres. Comme ce mouvement réside aussi dans tous les corps sans exception, il est clair qu'il est également inutile d'en donner des exemples. C'est celui que l'école désigne par la dénomination d'*hor-*

reur du vuide; mouvement en vertu duquel on attire l'eau par le moyen de la succion ou des pompes, et la chair, à l'aide des ventouses. C'est aussi en vertu de ce mouvement que, dans une cruche percée par le bas, l'eau demeure suspendue et ne coule point, si l'on ne débouche l'orifice supérieur pour donner passage à l'air. Et il produit une infinité d'autres effets semblables (1).

Soit le troisième mouvement, celui que nous appellons *mouvement* de *liberté*, par lequel les corps font effort pour se délivrer de toute compression ou extension extraordinaire, et pour recouvrer le volume qui leur est propre. On trouve aussi une infinité d'exemples de ce mouvement. Tels sont (quant à l'effort pour se délivrer de la compression) ceux de l'eau, dans l'action de l'animal qui nage; de l'air, dans celle de l'oiseau qui vole;

---

(1) On a prouvé depuis, par une infinité d'expériences, que tous ces effets devoient être attribués à la pesanteur de l'air.

de l'eau encore, dans celle du rameur ; de l'air, dans les ondulations des vents ; enfin ceux des ressorts dans les horloges. Un autre exemple qui n'est pas à mépriser, c'est celui de l'air dans ces *canonnières* qui servent de jouet aux enfans. Ils creusent un morceau d'aune ou de quelque bois de cette espèce, ils font entrer à force, par chacune de ses extrémités, une espèce de bourre, composée d'un morceau de quelque racine qui ait beaucoup de suc (1); puis, à l'aide d'une sorte de piston, ils chassent l'une de ces deux bourres vers l'extrémité où est l'autre. Passé un certain point, celle qui est placée à cette dernière extrémité, s'échappe tout-à-coup avec bruit, avant d'avoir été touchée par l'autre ou par le piston, et est lancée fort loin. Quant à l'effort pour se délivrer d'une forte extension, on peut en donner pour exemple le mouvement de l'air qui reste dans les œufs de verre, après une forte succion,

---

(1) De filasse, ou de papier un peu mâché.

les cordes, le cuir, le drap et autres étoffes, tous corps qui, après avoir été *détirés*, reviennent sur eux-mêmes et se contractent; à moins que la longue durée de cette extension ne les fasse rester dans l'état où on les a mis. Ce mouvement, l'école le qualifie de mouvement *inhérent à la forme de l'élément* (1), dénomination très peu exacte, attendu que ce mouvement n'est pas seulement propre à l'air, à l'eau, à la flamme, etc. mais commun à tous les corps, quelle que soit leur consistance (leur densité); comme bois, fer, plomb, drap, étoffes, mem-

---

(1) La nature de la matière, sous la forme de tel élément (par exemple, d'air, d'eau, de terre, ou, si l'on veut, de pierre, de métal, de laine, etc.), étant d'être de telle densité, d'avoir telle quantité de matière, sous tel volume, si, par une force extérieure, on rapproche ou éloigne les unes des autres les particules matérielles de tel composé spécifique, de manière que le tout occupe un plus grand ou un moindre espace, elles tendent naturellement à revenir aux points où elles étoient, et à faire reprendre au tout le volume qu'il avoit.

branes, tous corps qui ont un volume déterminé, certains modules de dimensions dont ils ne s'éloignent qu'avec peine, du moins sensiblement. Mais ce mouvement de *liberté* se présentant à chaque instant, et tenant à une infinité d'autres phénomènes, il est nécessaire de le désigner avec plus de précision et de le bien distinguer. Car il est tels physiciens qui, n'ayant sur ce sujet que des notions très superficielles, confondent ce mouvement avec celui d'*antitypie* et celui de *liaison*; savoir : l'effort pour se délivrer de la compression, avec le premier, et l'effort pour se délivrer de l'extension, avec le dernier, s'imaginant que les parties des corps se cèdent réciproquement et s'écartent les unes des autres pour empêcher la pénétration réciproque des dimensions; ou que ces corps reviennent sur eux-mêmes et se contractent, pour empêcher que le vuide n'ait lieu. Mais, pour que l'air, par exemple, se comprimât au point d'acquérir la densité de l'eau; ou le bois, au point d'acquérir celle de la pierre, il ne seroit nullement besoin qu'il y eût pénétration de dimensions, et cependant alors la compression de ces deux espèces de corps excéderoit de beaucoup celle qu'ils endurent ordinairement. De même, pour que l'eau se dilatât au point d'acquérir la *rarité* de l'air ; ou la pierre, au point d'acquérir celle du bois, le vuide ne seroit pas non plus nécessaire ; et cependant alors leur degré d'extension surpasseroit de beaucoup celui auquel ils se prêtent le plus souvent. Ainsi, cette augmentation et cette diminution de densité dont nous parlons, ne sont pas portées assez loin pour qu'on ait à craindre la pénétration réciproque des dimensions, ou le vuide, qui ne pourroient avoir lieu que dans les degrés extrêmes de condensation et de raréfaction ; deux limites en deçà desquelles s'arrêtent et roulent ces mouvemens dont nous parlons, et qui ne sont autre chose que certaines tendances des corps à se maintenir dans le degré de consistance (de densité) qui leur est propre ; ou, si on l'aime mieux, dans leurs *formes*, à ne s'en pas écarter subitement, mais seulement par des voies douces qui les engagent, pour ainsi dire, à s'y prêter. Et ce qui est beaucoup plus nécessaire, comme pouvant mener à une infinité de conséquences utiles, c'est de faire bien comprendre aux hommes que ce mouvement violent, que nous qualifions de *méchanique*, et que Démocrite (qui, par la manière dont il définit et caractérise ses mouvemens primaires, est au dessous des philosophes les plus médiocres) appelle mouvement de *plaie*, n'est autre chose que le mouvement de *liberté*, tendant à relâcher et à étendre un corps comprimé et resserré. En effet, dans toute action consistant, ou à pousser seulement un corps pour l'écarter, ou à lui imprimer un mouvement rapide à travers l'air, l'écartement ou le mouvement rapide en avant n'a point lieu, si les parties du corps à *mouvoir* ne sont affectées extraordinairement, et comprimées avec une certaine force. Et c'est alors seulement que les parties se poussant ou se chassant les unes les autres de proche en proche, le tout est déplacé, non-seulement en se portant en avant, mais en tournant en même temps sur lui-même, afin que ces parties puissent aussi, par ce moyen, se délivrer de l'état violent où elles sont, ou supporter, toutes plus également, l'action à laquelle elles sont soumises. Mais en voilà assez sur ce mouvement.

Soit le quatrième mouvement, celui d'*hyles* (tendant à changer le volume d'un corps), mouvement qui est symmétriquement opposé à celui de *liberté* dont nous venons de parler, et qui en est comme le *pendant*. Car, en vertu du mouvement de *liberté*, lorsqu'une cause quelconque tend à donner aux corps de nouvelles dimensions, un autre volume, soit en les dilatant, soit en les contractant, ils ont une sorte de répugnance pour un tel changement; ils s'y refusent, ils le fuient, et tendent de toutes leurs forces à revenir à leur ancien état et à recouvrer le volume qu'ils avoient. Au contraire, par le mouvement dont nous parlons actuellement, les corps tendent à acquérir de nouvelles dimensions; et ce changement, ils s'y prêtent assez promptement, quelquefois même ils y tendent par l'effort le plus puissant, comme on le voit dans l'explosion de la poudre à canon. Or, les instrumens ou moyens de ce mouvement (non pas les seuls, mais certes les plus puissans et les plus fréquens), sont *le chaud* et *le froid*. Par exemple, lorsque l'air, par voie d'extension, se trouve dilaté (comme il l'est par la succion dans l'œuf de verre dont nous avons parlé), il tend à revenir, en se contractant, à son premier état. Mais, si ensuite il vient à être échauffé, alors, au contraire, il tend à se dilater; il *souhaite*, en quelque manière, d'acquérir de nouvelles dimensions; il passe *volontiers* à ce nouvel état, et (pour employer l'expression commune) à cette nouvelle forme. Cependant, après s'être un peu dilaté, il est peu *jaloux* de revenir à son premier état, à moins qu'on ne l'y *invite* en le refroidissant; ce qui, à proprement parler, n'est pas *un retour*, mais une vraie, une seconde *transformation* en sens contraire de la première. De même, lorsque l'eau est resserrée et contractée par voie de compression, elle *regimbe* et *veut* redevenir ce qu'elle étoit; c'est-à-dire, se dilater et devenir plus rare (1). Mais survient-il un froid *intense* et continu, alors elle se condense spontanément et se change *volontiers* en glace. Que si ce froid est tout-à-fait continu et n'est interrompu par aucun attiédissement (condition qui a lieu dans les cavernes un peu profondes), elle se convertit en crystal et ne revient plus à son premier état (2).

---

(1) A la vue d'un pareil style, je regimbe moi-même, et voudrois redevenir ce que j'étois; c'est-à-dire, d'écrivain esclave des pensées d'autrui, écrivain libre de mes propres pensées. J'invite le lecteur à ne pas imputer au laquais la sottise du maître.

(2) Quelques physiciens ont adopté cette opinion, qui paroît assez fondée. Je me suis assuré,

Soit le cinquième mouvement, celui de *continuation* (de continuité de partie à partie (ce que Newton appelle *force de cohésion*). Or, par ce mot, nous n'entendons pas la continuité absolue et primaire d'un corps avec un autre corps, car ce

---

par moi-même, que les glaces des pays septentrionaux sont beaucoup plus compactes et plus dures que celles de nos climats. On conçoit que, si elles eussent été exposées à un froid plus continu et durant grand nombre de siècles, elles le seroient devenues encore davantage, et peut-être au point de ne pouvoir plus être fondues, que par un feu très actif. Si cette planète a fait autrefois partie du soleil, comme elle étoit alors dans un état de liquéfaction, il s'ensuit que les solides les plus durs qui s'y trouvent aujourd'hui, ne sont que des liquides gelés à force de siècles. Le froid semble être le principe de toute solidité, ou plutôt ces deux modes paroissent être l'effet d'une même cause. Car toute solidité dépend principalement du rapprochement et de la cohérence des parties des composés. Or, le froid, considéré dans le corps senti, n'est que ce rapprochement même; et, dans l'être sentant, il n'en est que la sensation.

seroit alors le mouvement de *liaison*, mais la continuité des parties d'un même corps, et sa tendance à continuer de former un même tout spécifique et déterminé. En effet, il n'est pas douteux que tous les corps se refusent à la solution de leur continuité, les uns plus, les autres moins, mais tous jusqu'à un certain point. Car si, ayant d'abord fixé notre attention sur les corps durs, tels que l'acier et le verre, et reconnu qu'ils résistent, avec la plus grande force, à leur *discontinuation*, nous tournons ensuite nos regards vers les liquides, où cette résistance, à la première vue, semble nulle, ou, du moins très foible, nous trouvons néanmoins qu'ils n'en sont pas entièrement destitués; qu'elle y subsiste réellement; qu'elle y est comme dans son *minimum*, et s'y décèle par un grand nombre d'effets assez connus, tels que les bulles que forment ces liquides; la figure arrondie de leurs gouttes, et ce filet délié que forme l'eau des gouttières, la viscosité des corps glutineux et autres faits de ce genre (1). Mais, de tous les cas où cette tendance se manifeste, celui où elle est le plus sensible, c'est lorsqu'on tente la solution de continuité sur un corps déja réduit en parties extrêmement petites. Par exemple, dans un mortier, lorsqu'on a pilé et atténué les matières jusqu'à un certain point, le pilon ne fait plus rien. L'eau ne peut s'ouvrir un pas-

---

(1) Au lieu de faire deux mouvemens distincts de celui de *liaison* et de celui de *continuité*, supposez que les corps entiers et leurs parties tendent à se réunir, en vertu d'une force inhérente à toutes les parties de la matière, vous aurez le système de l'attraction universelle établi par Newton. Ce n'est pas au hazard que nous disons *inhérente*, quoique ce grand homme, dans un temps où l'impulsion cartésienne étoit encore à la mode, ait eu la prudence de ne pas employer cette expression trop affirmative; car, si toutes les parties de la matière, sans exception et dans tous les temps, s'attirent réciproquement, cette propriété leur est donc *inhérente*. Quand vous dites *toutes les parties de la matière*, il ne reste plus rien qui puisse être *cause extérieure de l'attraction*, elle ne peut plus être un simple *effet*, et elle est nécessairement *cause* elle-même.

sage par une fente extrêmement petite. L'air même, nonobstant sa grande ténuité, ne pénètre pas d'abord dans les pores d'un corps solide, et ne s'y insinue qu'à force de temps.

Soit le sixième mouvement, celui que nous appellons *mouvement vers le gain*, ou mouvement d'*indigence*. C'est celui en vertu duquel les corps qui sont comme relégués parmi les substances tout-à-fait hétérogènes et ennemies, trouvant par hazard l'occasion et la facilité d'éviter ces substances qui leur sont contraires, et de s'unir à d'autres avec lesquelles elles ont plus d'affinité (en supposant même que cette affinité ne soit pas très grande), ne laissent pas de s'unir aussitôt avec ces dernières, et de les préférer comme quelque chose de mieux. Ils semblent regarder cela comme une sorte de *gain* (ce qui nous a engagés à les désigner par ce mot), et chercher ces substances comme s'ils en avoient *besoin*(1).

---

(1) S'il existe en effet des forces *attractives* et

Par exemple, l'or, ou tout autre métal, n'aime point à être environné, enveloppé d'air; aussi, alors, dès qu'il rencontre quelque corps grossier, comme le doigt, un morceau de papier ou tout autre corps semblable, il s'y attache aussi-tôt et ne s'en sépare pas aisément (1). De même, le papier, le drap et tout autre corps de cette espèce ne s'accommode pas bien de l'air qui s'insinue dans ses pores, et qui s'y trouve mêlé avec ses parties tangibles; et c'est par cette même raison qu'il s'imbibe si aisément d'eau, ou de toute autre liqueur, en excluant l'air de ses pores. Enfin, lorsqu'un morceau de sucre, ou une éponge est plongée dans l'eau ou

---

des forces *répulsives*, comme il le prétend, le mouvement par lequel un corps *fuit* les substances qui lui sont *contraires*, pour s'*unir* à celles avec lesquelles il a de l'*affinité*, n'est point une *espèce particulière* de mouvement, mais une simple *conséquence* des *deux autres*.

(1) Ce phénomène peut être attribué à deux autres causes ou conditions; savoir : le poli des surfaces et la pesanteur de l'air.

dans le vin, quoique sa partie supérieure soit fort élevée au dessus du niveau de la liqueur, elle ne laisse pas de l'attirer peu à peu jusqu'à son sommet (1).

D'où l'on tire une excellente règle pour les décompositions et les dissolutions. Car, laissant de côté les substances corrosives et les eaux fortes (les acides minéraux) qui s'ouvrent aisément un passage, supposons qu'un corps solide soit combiné avec une substance avec laquelle il n'ait pas d'affinité, et qu'à cette combinaison on ajoute une troisième substance avec laquelle il ait beaucoup plus d'affinité qu'avec celle à laquelle il se trouve actuellement uni comme par force, aussi-tôt ce corps s'ouvre, ses parties s'écartent les unes des autres, son assemblage se relâche, et il reçoit dans ses pores cette troisième sub-

---

(1) Ces deux derniers phénomènes s'expliquent par la propriété connue des *tubes capillaires*, qui paroît n'être qu'un cas particulier de la loi de l'attraction.

stance, en excluant et chassant, pour ainsi dire, celle avec laquelle il s'étoit d'abord uni (1). Et ce n'est pas seulement dans

---

(1) C'est ce qui se prouve aisément par l'exemple collectif de tous les précipités chymiques ; et ce passage pourroit bien être le germe de tout ce que nos chymistes ont avancé depuis sur les *affinités* et les *combinaisons* qui en résultent. En le traduisant, il me semble que j'assiste au cours de *Macquer*, de *Rouelle*, de *Bucquet*, etc. Mais, d'ailleurs, ils ont pu être conduits, comme notre auteur, à la découverte de ce méchanisme, par des comparaisons du physique au moral. Lorsque deux hommes étant unis par des convenances réciproques, mais un peu foibles, il en survient un troisième qui a plus d'affinité avec l'un des deux qu'avec l'autre, et qu'ils n'en ont entr'eux, il se fait alors une sorte de *précipité moral*; le nouveau venu délogeant l'un des anciens, et s'unissant avec l'autre, il se forme une nouvelle combinaison. C'est ainsi que s'assemblent et se désassemblent, pour se rassembler encore, les atômes, les individus, les composés, les planètes, les mondes. Voici quelle est la source de toutes ces analogies et des métaphores qu'elles fournissent à l'auteur. *Ce que l'attraction et la répulsion sont dans le monde physique, l'amour et la haine le sont dans le*

le cas du contact que ce mouvement de *gain* fait et peut quelque chose; car l'action électrique (sur laquelle Gilbert et quelques autres ont débité tant de fables (1), n'est autre chose qu'un certain

---

monde moral. Ces deux sentimens, en unissant ou séparant les individus humains, composent ou décomposent les touts moraux, comme ces deux forces, en unissant ou séparant les élémens de la matière, composent ou décomposent les touts physiques. Un même agent, un même esprit anime le tout; ainsi, une même loi doit gouverner les deux mondes : ce qui échappe dans l'un, on l'apperçoit dans l'autre, et la plus sûre méthode pour les bien connoître tous deux, c'est de les comparer sans cesse.

(1) Ces prétendues *fables* se sont trouvées, toute vérification faite, être des *histoires*; et la prétendue *histoire* que Bacon nous donne ici des phénomènes *électriques*, s'est trouvée n'être qu'une *fable*. Car, ni la personne qui communique avec le conducteur, ni ce conducteur même, ni la feuille de métal que cette personne attire d'abord avec son doigt et repousse ensuite, n'ont été *frottés*; ce qui l'a été, c'est seulement le plateau, le globe ou le tube, etc. de verre, de soufre, de résine, etc. Mais Bacon ignoroit la plupart de ces faits, dont quel-

appétit (une tendance, une force répulsive) d'un corps excité par un léger frottement, lequel, ne souffrant pas aisément le contact de l'air, préfère celui d'un corps tangible, lorsqu'il se trouve à sa portée.

Soit le septième mouvement, celui que nous appellons mouvement d'*aggrégation majeure*, et par lequel les corps se portent vers la masse de leurs *congénères*; savoir : les corps graves, vers le globe terrestre; et les corps légers, vers la circonférence des cieux (1). Ce mou-

---

ques-uns même n'avoient pas encore été observés, et cette mauvaise explication peut nous servir du moins à sentir que les conjectures du génie le plus pénétrant et le plus vaste ne valent pas un simple fait.

(1) Cette assertion paroît aujourd'hui fort ridicule, après avoir paru fort raisonnable pendant plus de deux mille ans; mais les raisons par lesquelles on la combat, ne valent pas mieux que celles dont on l'appuyoit. Au fond, elle n'est combattue que par le sophisme de l'habitude et de la mode, qui veut que tout pèse, et qui ne pèse rien.

vement, l'*école*, d'après des observations très superficielles, l'a décoré du nom de *mouvement naturel*. Elle ne voyoit, à l'extérieur des corps, rien de sensible et de frappant qui pût produire un tel mouvement ; voilà sans doute pourquoi elle l'a cru *naturel et inné* dans les corps, ou c'est peut-être parce qu'il est *perpétuel*. Mais, s'il l'est en effet, doit-on

---

Les faits tendans à prouver que tous les corps compris dans les limites du globe terrestre, et même le *feu*, sont *pesans*, renferment tous une équivoque, et ne sont rien moins que concluans. Ils prouvent seulement la pesanteur des corps qui étoient dans l'état d'*ignition*, lorsqu'on les a pesés. Mais avant de chercher *si le feu est pesant*, je demande, moi, *si le feu existe* ; c'est-à-dire, si c'est une certaine *substance particulière* dans laquelle résident les propriétés que nous attribuons à ce que nous appellons *le feu*, et dont nous attachons l'*idée* à un *mot*, dont il nous seroit impossible de donner une *vraie définition* ; ou si ce n'est qu'une certaine *espèce de mouvement* dont une infinité de corps seroient susceptibles. Or, cette question n'est rien moins que décidée, je ne sais même si Boërrhave a pensé à se la proposer.

s'en étonner? Le ciel et la terre sont toujours *là* (1); au lieu que les causes, les principes des autres mouvemens sont tantôt présens, tantôt absens. Voyant donc que ce mouvement est sans interruption, et que par-tout où les autres cessent, il subsiste et se présente à chaque pas, ils l'ont en conséquence déclaré le seul propre, inhérent et perpétuel, regardant tous les autres comme extérieurs et accidentels. Mais, dans la vérité, ce n'est qu'un mouvement foible et peu actif; car, hors les cas où les corps en mouvement ont une très grande masse, il cède aux autres tant qu'ils peuvent avoir leur effet. Et quoique la considé-

---

(1) La *terre* est toujours *ici*, puisqu'elle nous porte : mais le *ciel* n'est jamais *là*, puisqu'il n'*existe pas*. Physiquement parlant, qu'est-ce que le ciel? et où est-il? Si nous levons les yeux, nous ne voyons qu'un grand espace vide où brillent de loin en loin quelques soleils, et un très petit nombre de planètes, de comètes, etc. que nous appelons des corps *célestes,* quoiqu'ils ne soient pas plus *célestes* que la terre.

ration de ce mouvement ait rempli et préoccupé la plupart des esprits, au point de masquer et de faire oublier tous les autres, il n'en est pas mieux connu, et il a donné lieu à une infinité d'erreurs.

Soit le huitième mouvement, celui d'*aggrégation mineure*, par lequel les parties de même espèce dans un corps se séparent des parties de différentes espèces, et se rassemblent entr'elles ; par lequel aussi les corps entiers, les touts, en vertu de l'affinité de leur substance, *s'embrassent*, semblent se *caresser*, quelquefois même s'attirent à une certaine distance, s'approchent les uns des autres et s'unissent. C'est ainsi que, dans le lait, la crême surnage au bout d'un certain temps; que, dans le vin, la lie et le tartre se déposent. Car il ne faut pas croire que ces phénomènes soient de simples effets des mouvemens de *gravité* et de *légèreté*, en vertu desquels certaines parties se portent vers le haut, et les autres vers le bas; mais les regarder plutôt comme des effets de la tendance des parties homogènes à se rapprocher les unes des autres, et à se réunir. Or, il est deux différences essentielles qui distinguent ce mouvement de celui d'*indigence :* l'une est que, dans les effets de ce dernier, la principale cause est l'*aiguillon* (le *stimulus*) d'une nature contraire et ennemie qui, en repoussant certaines parties, les pousse, par cela même, les unes vers les autres ; au lieu que, dans les combinaisons résultantes du mouvement dont nous parlons actuellement (en supposant toutefois l'absence de tout lien et de tout obstacle), les parties s'unissent par *analogie* ou *affinité,* nonobstant l'absence de toute nature ennemie qui, en les combattant, les unisse plus fortement. L'autre est qu'ici l'union est plus étroite, et se fait, pour ainsi dire, avec plus de *choix*. Dans le premier cas, si les deux corps, n'ayant pas beaucoup d'affinité l'un avec l'autre, peuvent du moins éviter la substance ennemie, ils ne laissent pas de s'unir assez bien (1). Mais, dans le dernier, les substances s'unissent en vertu d'une très forte analogie; elles sont sœurs, et réunies, semblent ne faire qu'un. Or, ce mouvement-ci se trouve dans tous les corps composés, et y seroit très sensible, s'il n'y étoit lié et comme bridé par les autres appétits (tendances, forces, efforts), et les autres nécessités des corps qui trou-

---

(1) J'ignore si ce mouvement a quelque réalité dans le monde physique ; mais je sais qu'il n'est que trop réel dans le monde moral. C'est rarement par une bienveillance réciproque que les hommes se réunissent, c'est presque toujours par des haines communes ; et trop souvent la prétendue amitié n'est que la coalition de deux méchans qui se liguent pour nuire à un troisième. Tant que les deux premiers sont jaloux l'un de l'autre, ils restent divisés; mais dès qu'ils envient ce troisième encore plus qu'ils ne s'envient réciproquement, ils se liguent, et devenus complices ils semblent être amis. De même, cette force répulsive, que la vanité spirituelle exerce en tout temps contre la sotte vanité, condense la sottise et coalise les sots. Pour les tenir séparés, il est bon que les gens d'esprit se mêlent un peu plus avec eux.

blent cette union à laquelle ils tendent naturellement.

Trois principales causes peuvent *lier* (diminuer ou détruire) ce mouvement; savoir : la *torpeur* (l'inertie) des corps, le frein de la substance dominante dans le composé, et le mouvement extérieur. Quant à ce qui regarde l'inertie des corps, nul doute qu'il n'y ait, dans tous les corps tangibles, une sorte de *paresse* (1) susceptible de plus et de moins, une certaine *horreur du mouvement;* horreur telle que, si l'on n'a soin de les éveiller, pour ainsi dire, et de les exciter, contens de leur état actuel, ils aiment mieux demeurer tels qu'ils sont, que se remuer un peu pour être mieux (2). Or,

---

(1) Elle est proportionnelle à la quantité de matière; puisque, pour mouvoir un corps dont la masse est double, il faut une force ou quantité de mouvement également double.

(2) En vertu de la force d'inertie, un corps qui est en repos tend à y rester, et un corps qui est en mouvement tend aussi à y rester et à continuer de se mouvoir d'un mouvement uniforme, suivant

cette inertie, on peut la secouer (diminuer ou détruire) par trois sortes de secours ou de moyens ; savoir : par la chaleur ou par la force, l'action supérieure de quelque corps analogue, ou enfin, par un mouvement vif et puissant. En premier lieu, quant au secours qui se tire de la chaleur, c'est ce qui a donné naissance à ce principe qu'on énonce si affirmativement : *que la chaleur est ce qui sépare les substances hétérogènes, et réunit les homogènes ;* définition des péripatéticiens, dont Gilbert s'est moqué avec raison ; c'est à peu près, pensoit-il, comme si, pour définir l'espèce humaine, on disoit : *l'homme est ce qui sème du bled et qui plante des vignes.* En effet, donner de telles définitions, c'est vouloir définir les choses par leurs simples effets, et encore par des effets très particuliers.

---

la ligne droite qu'il décrit actuellement, ou suivant la tangente au point où il se trouve dans la courbe qu'il décrit, et, pour tout dire, tend à persévérer dans l'état où il est.

Mais cette définition dont nous parlons pèche principalement en ce que ces mêmes effets ne sont nullement propres à la chaleur, et qu'elle ne les produit qu'accidentellement, attendu que le froid en fait autant, comme nous le dirons ci-après. La véritable cause de ces effets à expliquer, est la tendance des parties homogènes à s'unir, la chaleur n'ayant d'autre effet que celui de secouer leur inertie (1) qui, auparavant, *lioit* cette tendance. Quant au secours qui se tire de la vertu communiquée par un corps analogue, on en voit un exemple admirable dans l'aimant armé, qui excite dans le fer la propriété d'attirer d'autre fer, par l'analogie ou affinité de substance, l'inertie du fer étant secouée (diminuée ou détruite) par la vertu de l'aimant.

---

(1) La chaleur a deux effets : l'un, de mettre en mouvement les particules du composé, de les mettre en vibration; l'autre, de dilater ce corps, d'écarter ses parties, de relâcher l'assemblage, ce qui permet aux parties hétérogènes de se séparer, et aux parties homogènes de se réunir.

Enfin, si nous passons au secours qui se tire du mouvement extérieur, nous en voyons un exemple dans ces flèches de bois dont la pointe est également de bois, et qui pénètrent plus avant dans d'autre bois que lorsqu'elles sont armées de fer; effet qui a pour cause l'analogie de substance, l'inertie du bois étant surmontée par le mouvement rapide de la flèche. Nous avions déja fait mention de ces deux derniers exemples, dans l'aphorisme sur les exemples clandestins.

Quant aux effets qui peuvent avoir lieu, quand le mouvement d'agrégation mineure est lié par le frein du corps dominant, ils sont très sensibles dans la décomposition du sang et des urines par le froid. Car, tant que ces fluides sont pénétrés d'un esprit plein de vie et d'activité (*f*) qui gouverne et maintient ensemble leurs parties de différentes espèces, en qualité de maître et de seigneur du tout, les parties homogènes ne se réunissent point, vu ce frein qui les en empêche; mais si-tôt que cet esprit s'est exhalé ou est suffoqué par le froid, les parties dégagées du frein obéissent à leur tendance naturelle, se rapprochent et s'unissent. Aussi voit-on que tous les corps qui contiennent un esprit âcre et pénétrant, comme les sels et autres substances analogues, se conservent et ne se décomposent pas ; ce qu'on doit attribuer au frein permanent et durable de cet esprit dominant et impérieux qui les maintient ensemble.

Actuellement cherchons-nous un exemple de la manière dont le mouvement d'*agrégation mineure* est lié par le mouvement extérieur, nous le trouvons surtout dans les corps que leur agitation garantit de la putréfaction. Or, toute putréfaction a pour cause la réunion des parties homogènes, d'où résulte (pour nous servir d'une expression commune) la corruption ou dissolution de la première forme, et la génération d'une nouvelle. Car la putréfaction qui fraie le chemin à la génération de la nouvelle forme, est précédée par la dissolution de l'ancienne, qui n'est que la réunion même des parties homogènes. Cette réunion, si rien ne l'empêche, il n'en résulte qu'une simple dissolution ou décomposition; mais si elle rencontre différens obstacles, alors s'ensuivent des putréfactions qui sont des rudimens ou des ébauches d'une génération nouvelle. Que si le corps (et c'est précisément ce dont il est question dans cet article) est fréquemment agité, à l'aide d'un mouvement extérieur, alors ce *mouvement de liaison*, qui est foible, facile à vaincre, et qui exige que les corps en question soient en repos de la part des corps extérieurs, ce mouvement, dis-je, est troublé et cesse d'avoir lieu; explication appuyée d'une infinité d'exemples. C'est ainsi que le mouvement d'une eau courante ou continuellement agitée, la garantit de la putréfaction; que les vents, en débarrassant l'air de ses parties pestilentielles, le purifient; que le grain retourné, remué dans les greniers, se conserve mieux; qu'enfin, tous les corps agités à l'extérieur, ne se putréfient pas aisément à l'intérieur.

Reste à parler d'un genre de réunion dont les parties d'un composé sont susceptibles, et que nous ne devons pas oublier; savoir : de celui d'où résulte le *durcissement* et la *dessiccation*. Car, dans un corps un peu poreux, tels que le bois, les os, les membranes et autres de cette nature, après que l'*humor*, converti en esprit, s'est exhalé, les parties grossières se contractent avec plus d'effort, et s'unissent plus étroitement; d'où s'ensuit le durcissement et la dessiccation; effet qui, selon nous, a moins pour cause le mouvement tendant à prévenir le vuide, que ce mouvement d'union et d'affinité dont nous parlons.

Quant à ce qui regarde l'attraction à distance, elle est rare, et cependant elle est encore moins observée que fréquente. Si nous en cherchons des exemples, nous voyons qu'une bulle rompt une autre bulle; que les médicamens tirent les humeurs, en vertu de l'analogie et de l'affinité de substance ; que, de deux cordes montées à l'unisson, l'une étant pincée, met l'autre en mouvement, quoiqu'elles soient sur deux instrumens différens. Ce mouvement paroît même avoir lieu dans les esprits animaux, quoiqu'on ne l'y ait pas encore apperçu; mais il réside au degré le plus éminent dans l'aimant et le fer aimanté. Ce que nous disons ici des mouvemens de l'aimant, nous fournit l'occasion d'en bien marquer les différences. Il est dans l'aimant quatre vertus, ou genres d'actions, qu'il ne faut pas confondre, mais considérer une à une, et distinctement; quoique la stupide admiration des hommes les ait empêchés jusqu'ici de faire ces distinctions. La première est l'attraction d'aimant à aimant, de fer à aimant, ou de fer aimanté à autre fer, aimanté ou non. La seconde est la propriété de se tourner vers le nord et le sud; à quoi il faut joindre la déclinaison (1). La troisième

―――――――――――――――――――

(1) Et l'inclinaison.

est la faculté qu'a l'aimant ou le fer aimanté d'agir à travers l'or, le verre, la pierre, etc. La quatrième, enfin, est la communication de la vertu de l'aimant au fer; du fer aimanté à d'autre fer; et cela sans communication de substance (*g*). Mais nous ne parlons ici que de la première de ces quatre propriétés ; savoir : de la vertu attractive. Un autre exemple frappant d'attraction, c'est celle que l'or et le mercure exercent l'un sur l'autre, et qui est si forte, que l'or attire le mercure, même lorsque ce dernier métal est mêlé avec un onguent, et disséminé entre ses parties; et les ouvriers qui se trouvent continuellement exposés aux vapeurs du mercure, ont ordinairement la précaution de tenir dans leur bouche un morceau d'or, pour ramasser ces émanations; sans quoi il leur affecteroit violemment le crâne et les os. Aussi voit-on qu'au bout d'un certain temps cet or blanchit. Voilà ce que nous avions à dire sur le mouvement d'*aggrégation mineure*.

Soit le neuvième mouvement, le mouvement *magnétique*. Quoique celui-ci se trouve compris sous le genre du mouvement d'*aggrégation mineure ;* cependant s'il agit à de grandes distances et sur des corps d'une grande masse, il mérite une recherche à part, sur-tout si, ne commençant pas par le contact immédiat (condition requise pour un grand nombre d'autres mouvemens), et ne s'y terminant pas non plus (comme le font tous les mouvemens *aggrégatifs*), il n'a d'autre effet que d'élever et d'enfler, pour ainsi dire, les corps. S'il est vrai, par exemple, que la lune élève les eaux de la mer, et enfle les substances humides; que le ciel étoilé attire les planètes vers leurs apogées; que le soleil entraîne tellement avec soi vénus et mercure; que ces deux planètes ne puissent s'éloigner de cet astre que jusqu'à un certain point, tous ces mouvemens paroissent ne se bien classer, ni sous le nom d'*aggrégation majeure,* ni sous celui d'*aggrégation mineure ;* mais il semble qu'ils doivent être regardés comme des mouvemens d'*aggrégation moyenne* et imparfaite (1), et qu'à ce titre ils doivent former une espèce à part.

Soit le dixième mouvement, celui de *fuite* (de répulsion), mouvement tout-à-fait contraire à celui d'*aggrégation mineure*, et par lequel les corps, en vertu d'une certaine *antipathie*, fuient ou mettent en fuite les substances ennemies, s'en séparent et refusent de se mêler avec elles. Car, quoique, dans certains cas, ce mouvement semble n'être qu'accidentel, ou n'être qu'une simple conséquence du mouvement d'*aggrégation mineure*, et que les substances homogènes ne se réunissent qu'après avoir exclus et éloigné d'elles les substances hétérogènes, cependant on doit le regarder comme un

---

(1) Les différences qui peuvent dépendre des masses et des distances respectives des corps attirans et des corps attirés, ne sont que des différences de *quantité*, et non des différences *spécifiques*. Ainsi, à proprement parler, ces trois classes n'en forment qu'une seule.

mouvement positif, -et en former une espèce distincte; vu que, dans une infinité de sujets, cette tendance à la répulsion paroît jouer un plus grand rôle que la tendance même à l'union. Ce mouvement se manifeste d'une manière frappante dans les excrétions des animaux. Il n'est pas moins sensible dans la répugnance que plusieurs sens, sur-tout l'odorat et le goût, témoignent pour certains objets qui les affectent respectivement. Car l'odorat rejette tellement une odeur très fétide, qu'il en résulte, par communication, un mouvement d'expulsion dans l'orifice de l'estomac. Une saveur amère et rebutante est tellement rejetée par le palais et le gosier, qu'elle occasionne, par une semblable corrélation, un ébranlement, un mouvement de trépidation dans toute la tête. Ce même mouvement, dont nous parlons, a beaucoup d'autres effets. Il se manifeste dans certaines *antipéristases;* par exemple, dans la région moyenne de l'air, dont le froid habituel paroît être une *rejec-*

tion (une répulsion) de la nature froide, occasionnée par le voisinage de la région céleste. Il paroît aussi que ces grandes effervescences et ces inflammations qui ont lieu dans le sein du globe terrestre, sont des rejections de la nature chaude repoussée par l'intérieur de la terre (1). Car, lorsque le chaud et le froid sont en petite quantité, ils se tuent, pour ainsi dire, réciproquement. Mais s'ils sont en grande masse, et forment, pour ainsi dire, des armées complettes, alors ils se livrent combat, et le plus foible est débusqué par le plus fort (2). On dit que le cinnamome et les autres substances odoriférantes étant placées près des la-

---

(1) Il veut dire que chacun des deux contraires, en repoussant l'autre, le refoule, pour ainsi dire, et l'accumule sur la limite commune à tous deux; ce qui semble supposer que le chaud et le froid sont deux substances, et contredire un peu sa première vendange. Voyez la note (*h*).

(2) C'est encore là une opinion des anciens, dont je crois qu'Héraclite est l'auteur.

trines et des lieux fétides, retiennent plus obstinément leur odeur; parce qu'alors elles se refusent à leur émission et à leur mélange avec les matières fétides. Nul doute que le mercure, qui tend naturellement à se réunir en un seul corps, ne trouve à cet égard de grands obstacles dans la salive de l'homme, dans la graisse de porc, dans la thérébentine et autres substances de ce genre, qui empêchent ses parties de se réunir, vu le peu d'analogie et d'affinité qu'elles ont avec de telles substances qu'elles fuient, quand elles en sont environnées de tous côtés; ensorte que la tendance des parties de ce métal à fuir ces autres substances avec lesquelles elles sont mêlées, est plus forte que leur tendance à s'unir à celles de leur propre espèce; et c'est ce qu'on appelle la *mortification du mercure* (1). De plus, si l'huile ne se

---

(1) Il semble cependant que si les parties du mercure n'ont point d'affinité avec ces substances auxquelles on les mêle, et dont on suppose qu'elles sont environnées, elles doivent se porter les unes

mêle point avec l'eau, ce n'est pas simplement l'effet de la différence de leurs pesanteurs spécifiques, mais plutôt celui du peu d'affinité qu'elles ont l'une avec l'autre, comme le prouve l'exemple de l'esprit de vin, qui, bien que plus léger que l'huile, ne laisse pas de se mêler très exactement avec l'eau. Mais les sujets où ce mouvement de *fuite* ou de répulsion se montre de la manière la plus sensible, sont le nitre et autres substances crues de ce genre, qui toutes ont horreur de la flamme, comme on l'observe dans la poudre à canon, dans le mercure et même dans l'or (1). Quant à ce mouvement par lequel le fer fuit l'un

---

vers les autres, et ne former plus qu'un seul corps; et que si au contraire elles ont plus d'affinité avec ces substances qu'elles n'en ont les unes avec les autres, elles doivent se fuir réciproquement, s'unir avec les particules de ces substances, et y être disséminées.

(1) L'auteur paroît avoir eu connoissance de la terrible explosion de l'or *fulminant*.

des pôles d'un aimant (1), Gilbert a observé qu'à proprement parler, ce n'est point une *fuite*, une *répulsion*, mais l'effet d'une conformité, d'une tendance commune à prendre la situation respective la plus convenable.

Soit le onzième mouvement, celui d'*assimilation* ou de *multiplication de soi-même*, ou enfin de *génération simple*. Or, par *génération simple*, nous n'entendons pas celle des *composés*, des *mixtes*, tels que les plantes et les animaux; mais celle des corps *similaires*. Le mouvement dont nous parlons est celui par lequel les corps similaires transforment d'autres corps qui ont de l'affinité avec eux, ou qui du moins sont bien disposés, bien préparés pour cette opé-

---

(1) Deux aimans ou deux fers aimantés, ayant chacun deux pôles, se repoussent par leurs pôles semblables, et s'attirent par leurs pôles différens. Or, tout fer mis en contact avec l'aimant ou avec le fer aimanté, devient lui-même, du moins pour quelque temps, un aimant qui a aussi deux pôles.

ration, et les convertissent en leur propre substance ou en leur propre nature. Telle est d'abord la flamme qui, en se multipliant par le moyen de l'huile et des vapeurs huileuses, ses alimens propres, engendre de nouvelle flamme. Tel est aussi l'air qui, en se multipliant par le moyen de l'eau et des vapeurs aqueuses, engendre de nouvel air. Tel est encore l'esprit, soit végétal, soit animal, qui, en se multipliant à l'aide des parties les plus ténues de ses alimens, tant aqueux que huileux, engendre aussi de nouvel esprit. Telles sont enfin les parties solides des plantes et des animaux, comme la feuille, la fleur, la chair, les os, et ainsi des autres; toutes parties dont chacune tire des sucs alimentaires une substance qu'elle s'assimile, qu'elle s'approprie, et qui sert à réparer ses pertes continuelles. Car personne, sans doute, ne prendra plaisir à extravaguer avec Paracelse, qui, aveuglé par ses *distillations*, vouloit que la nutrition s'opérât par voie de simple *séparation* : selon lui, le pain et la viande recèlent un œil, un nez, un foie, etc. dans les sucs de la terre se trouvent cachées la feuille, la fleur, etc. et de même qu'un sculpteur, en retranchant d'une masse grossière de bois ou de pierre tout le superflu, et le rejetant, en tire ainsi la forme d'une feuille, d'une fleur, d'un œil, d'un nez, d'un pied, d'une main, etc. de même aussi cet *archée*, ou ce sculpteur interne qu'il suppose, tire des alimens, par voie de séparation et de rejection, chaque membre et chaque partie ; voilà ce qu'il prétend (1). Mais, aban-

---

(1) Je crois que l'invention de cet *archée*, espèce d'ame amphibie, tenant de l'esprit et de la matière, que les rêveurs de ce temps-là logeoient dans le *pilore*, et que l'abre, notre contemporain, a domicilié dans le *plexus solaire* ; que cette invention, dis-je, appartient à *Vanhelmont*, et non à *Paracelse*; du moins, on l'attribue ordinairement au premier. Si le corps humain est *tout animé*, ce qui l'anime doit être répandu dans toutes ses parties et n'avoir point de siège particulier, de *cheflieu*; à moins qu'on ne suppose qu'il y a, par exemple, dans telle partie, une pinte d'ame, dans telle

donnant cette ridicule supposition, tenons pour certain que chacune des parties, tant similaires qu'organiques, soit dans les végétaux, soit dans les animaux, commence par attirer et extraire des alimens les mêmes sucs, ou du moins des sucs peu différens (ce qu'elle fait avec une sorte de choix (1)); qu'ensuite elle

autre une chopine, et un demi-septier dans une troisième. Quoi qu'il en soit, si, par ce mot d'*ame*, ils entendoient seulement une matière *spiritueuse*, il falloit bien sans doute la loger quelque part, soit dans telle partie, soit dans le tout. Mais s'ils vouloient parler d'une substance vraiment *spirituelle*, ils n'avoient plus besoin de chercher le lieu de sa résidence; les *esprits* n'ayant point d'*existence locale*, n'ont pas besoin de domicile : ils ne sont nulle part, et ne logent qu'en eux-mêmes, ce qui constitue la plénitude de l'existence.

(1) Cette parenthèse semble contredire ce qui précède : si ces sucs sont peu différens, peut-on dire, il n'y a presque plus de choix à faire. Mais il veut dire que, parmi les différens sucs qui peuvent se trouver dans les substances alimentaires, chaque partie choisit ceux qui sont les plus propres pour être *animalisés*, et les travaillant ensuite à sa

se les assimile et les convertit en sa propre substance. Or, cette assimilation simple n'a pas seulement lieu dans les corps animés; mais les corps inanimés sont aussi doués de cette faculté assimilative, comme nous l'avons dit en parlant de l'air et de la flamme. Il y a plus : cet esprit peu actif et comme mort qui se trouve renfermé dans tout corps tangible, inanimé, ne laisse pas de travailler sans cesse à digérer les parties grossières, et à les convertir en esprit qui puisse ensuite s'exhaler; d'où résulte la diminution du poids et la dessiccation, comme nous l'avons dit ailleurs. Et en traitant de l'assimilation, il ne faut pas trop dédaigner cette *accrétion* qu'on distingue ordinairement de l'*alimentation*, et qui a lieu, par exemple, lorsque la terre grasse qui se trouve entre des cailloux, se durcit et se convertit, à la longue en une substance pierreuse; ou lorsque ces écailles,

---

manière, leur donne sa qualité spécifique et se les assimile.

dont se revêtent les dents, se changent en une substance qui n'est pas moins dure que la dent même. Car notre sentiment est qu'il existe dans tous les corps une tendance à s'assimiler les autres corps, et qui n'est pas moins universelle que la tendance à s'unir avec les substances de même espèce. Mais cette dernière est souvent liée, ainsi que la première, quoiqu'elle ne le soit pas par les mêmes moyens. Or, ces différentes espèces de *liens*, ainsi que les différentes manières dont elles s'en dégagent, étant deux sujets qui se rapportent à l'art de restaurer la vieillesse, doivent être observées avec la plus grande attention. Enfin, une observation non moins importante, c'est que, par les *neuf espèces de mouvemens* dont nous avons parlé jusqu'ici, les corps semblent ne tendre qu'à leur propre *conservation*; au lieu que, par ce *dixième*, dont nous parlons actuellement, ils tendent à leur *propagation*.

Soit le onzième mouvement, celui d'*excitation*, qui semble n'être qu'une *espèce* dont le mouvement d'*assimilation* est le *genre*, et auquel, par cette raison, nous donnons quelquefois ce dernier nom. En effet, c'est un mouvement qui tend à se répandre, à se communiquer, à passer d'un corps à l'autre, à se multiplier, tout aussi-bien que cet autre dont nous venons de parler. Et le plus souvent ils se ressemblent par leurs *effets*, quoiqu'ils diffèrent par les *sujets* sur lesquels ils agissent, et par la *manière d'opérer*. Car le mouvement d'*assimilation* agit avec une sorte d'empire, il commande au sujet respectif, et force l'assimilé à prendre la nature de l'assimilant : au lieu que le mouvement d'*excitation* procède, en quelque manière, avec art, par voie d'insinuation, et comme à la dérobée ; il invite seulement l'excité à revêtir la nature de l'excitant. De plus, ce sont les corps, les *substances* mêmes que transforme le mouvement d'*assimilation;* par exemple, il résulte de son action, plus de flamme, plus d'air, plus d'esprit, plus de chair, etc. Mais, dans le mouvement d'*excitation*, ce sont les *vertus*, les *qualités*, ou *modes* seulement, qui se multiplient, et qui passent d'un corps à l'autre : par exemple, il résulte de son action plus de chaleur, plus de vertu magnétique, plus de putridité.

Or, ce mouvement se trouve au degré le plus éminent dans le chaud et le froid ; car, lorsqu'un corps en échauffe un autre, si alors la chaleur se répand, ce n'est point du tout par la *communication* de la première chaleur, mais seulement par l'*excitation* successive du dernier corps à ce mouvement, qui est la *forme* de la chaleur, et dont nous avons parlé dans la *première vendange* (ou *conclusion provisoire*), sur la nature de cette qualité. Aussi la chaleur s'excite-t-elle beaucoup plus lentement et plus difficilement dans la pierre et le métal, que dans l'air ; ces deux espèces de corps étant beaucoup plus inhabiles et plus lents à recevoir ce mouvement. Ensorte qu'on peut, avec quelque probabilité, soupçonner qu'il est, dans le sein de la terre, telles substances qui refusent tout-à-fait de s'échauffer; parce que, vu leur extrême condensation, elles sont destituées de cet *esprit* qui, le plus souvent, est le principe du mouvement d'*excitation*. C'est ainsi que l'aimant doue le fer d'une nouvelle disposition de parties, et d'un mouvement conforme au sien; mais, quant à lui, il ne perd rien de sa vertu. De même le levain de pâte et la levure de biere, la présure du lait et certains poisons, *excitent* et provoquent, dans la pâte, la biere, le fromage, ou le corps humain, un mouvement qui, se communiquant de proche en proche, se répand dans le tout, moins par la *force de l'excitant*, que par la *disposition* antérieure de l'*excité*, et sa facilité à céder.

Soit le treizième mouvement, celui d'*impression*, qui est encore une *espèce* du *genre* compris sous le nom de mouvement d'*assimilation*. De tous les mouvemens qui se communiquent et se répandent, c'est le plus subtil. Nous avons cru devoir le constituer en espèce propre et positive, à cause de la différence importante qui le distingue des deux premiers. Car le mouvement d'*assimilation* proprement dit, transforme les corps mêmes, et de telle manière que, si vous ôtez le premier moteur, cela n'influe point du tout sur les effets ultérieurs. Par exemple, ni la première inflammation du corps qu'on allume, ni la première conversion d'une substance non-aériforme en air, n'influe sur la flamme, ou sur l'air qui est ensuite engendré. De même le mouvement d'*excitation* subsiste assez long-temps, quoiqu'on ôte le premier moteur : par exemple, il subsiste dans le corps échauffé, après qu'on a ôté le corps échauffant; dans le fer aimanté, quand on a ôté l'aimant; enfin, dans la masse de farine, après qu'on a ôté le levain. Au lieu que le mouvement d'*impression*, quoiqu'il ait aussi la faculté de se répandre et de se communiquer, ne laisse pas de dépendre perpétuellement du premier moteur; ensorte que, ce moteur étant ôté, ou cessant d'agir, ce mouvement cesse et périt aussi-tôt. Aussi ne faut-il qu'un instant, ou du moins qu'un temps fort court, pour le faire naître. Pour distinguer ce mouvement d'*assimilation* ou d'*excitation*, de celui dont nous parlons actuellement, nous appellons le premier, *mouvement de la génération de Jupiter*, parce qu'en effet sa génération subsiste; et le dernier, *mouvement de la génération de Saturne*, parce qu'à peine né, il est aussi-tôt dévoré et absorbé. Or, celui-ci se manifeste dans trois choses : dans les rayons de la lumière, dans les vibrations des sons, et dans les phénomènes magnétiques, du moins quant à la communication. En effet, la lumière ôtée, les couleurs disparoissent à l'instant, ainsi que toutes ses autres images(1). Si, après

---

(1) On doit se rappeller que, dans l'aphorisme sur la première classe d'exemples, il prétend que les couleurs ne sont que des images de la lumière, sans nous dire quelle signification il attache à ce

avoir frappé un corps sonore, on fait cesser l'ébranlement occasionné par cette percussion, le son périt presque aussi-tôt. Car, quoique les sons soient susceptibles d'être agités par les vents, dans le milieu qui leur sert de véhicule, à peu près comme les corps flottans le sont par les ondes ; cependant, pour peu qu'on approfondisse ce sujet, on conçoit aisément que le son ne dure pas autant que le *résonnement* (1). En effet, lorsqu'on frappe sur une cloche, le son paroît durer assez long-temps, ce qui peut aisément induire en erreur ; et en effet, l'on se tromperoit fort, si l'on s'imaginoit que le son, durant tout ce temps-là, demeure comme

---

mot d'*image*. Dans la langue reçue, l'image d'une chose en est la *représentation*; or, il ne s'agit ici de rien de semblable. Ainsi, ce terme étant tout-à-fait impropre, nous y substituerons celui de *mode* ou de *modification*, éclairés, dans le choix de cette expression, par le grand Newton.

(1) Ce mot n'est pas reçu, mais il est ici absolument nécessaire ; la signification attachée au mot *retentissement* n'étant pas assez générale.

flottant, comme suspendu dans l'air; ce qui est absolument faux. Car ce *résonnement* n'est rien moins que le *même son individuel et continu*, mais un son qui se renouvelle d'instans en instans (1). Et c'est ce dont il est aisé de s'assurer, en touchant le corps frappé, pour arrêter son mouvement : par exemple, si l'on saisit la cloche avec assez de force pour arrêter son mouvement (ses vibrations),

---

(1) Ni le son, ni la lumière, ni la chaleur, ni le froid, ne sont des sensations *continues*, mais des assemblages d'une multitude de sensations d'une durée infiniment courte, qui se succèdent avec une rapidité infinie, et dont nous ne pouvons saisir les intervalles; ce qui nous paroît s'appliquer à toutes les espèces possibles de sensations, et pouvoir s'expliquer ainsi : toute sensation a pour cause des *vibrations*. Car, si le mouvement n'a une certaine durée ou continuité, il n'y a point de sensation. Mais, dans un si petit espace, et dans des parties qui n'ont pas beaucoup *de jeu*, le mouvement ne peut être continu, s'il n'est ou circulaire ou alternatif : or, dans la fibre qui est fixée par ses deux extrémités, il ne peut être circulaire ; donc il est *alternatif*.

le son périt aussi-tôt, et elle cesse de résonner. C'est ce qu'on observe aussi dans les instrumens à corde. Si, après le premier coup donné à une corde, on la touche ou avec le doigt, si c'est une harpe ; ou avec la plume, si c'est un tympanon ou une mandoline, le résonnement cesse à l'instant. De même, sitôt qu'on ôte l'aimant, le fer tombe. Mais on ne peut ôter ainsi la *lune à l'océan*, sur lequel elle agit, ni la *terre* aux *corps pesans*, tandis qu'ils tombent. Ainsi, on ne peut tenter sur l'action de ces deux grands corps, une expérience semblable à celles dont nous venons de parler ; mais, dans les deux cas, la loi est la même (1).

---

(1) Il veut dire que, dans les deux cas, l'attraction ne peut avoir lieu sans la présence du corps attirant. Voilà, pour le dire en passant, l'attraction que la lune exerce sur l'océan, et celle que le globe terrestre exerce sur les corps pesans, comparées à celle que l'aimant exerce sur le fer. Ce passage ne seroit-il pas la pomme de Newton ?

Soit le quatorzième mouvement, celui de *configuration* ou de *situation*, par lequel les corps *appètent* (tendent à) non telle *union* ou telle *séparation*, mais telles *situations respectives*, telle *distribution* dans un tout; en un mot, telle *configuration*. Ce mouvement est très difficile à appercevoir, et a été jusqu'ici fort mal observé. Dans certains cas même il semble presque inexplicable, quoiqu'il nous paroisse n'être rien moins que tel. Par exemple, demande-t-on pourquoi le ciel tourne plutôt d'orient en occident, que d'occident en orient (1);

___

(1) Pourquoi la terre et les autres planètes, devoit-il dire, tournent-elles plutôt d'occident en orient que d'orient en occident? Parce que la comète qui est la mère commune de toutes nos planètes, répond M. de Buffon, a heurté le soleil de tel côté plutôt que de tel autre. Une comète inconsidérée heurte cet astre en passant, elle en détache six gros morceaux. Le mouvement projectile imprimé à chacun, et combiné avec la force centripète qui tend à le faire retomber dans le soleil, produit ce mouvement qui le fait tourner autour de

ou pourquoi il tourne autour de deux
pôles, dont l'un est situé près des deux

---

l'astre attirant; et comme le mouvement projectile des six morceaux est l'effet d'*une impulsion unique et simultanée*, ils doivent tourner tous *dans le même sens* et *presque dans le même plan*. Il est vrai que tout corps *projeté* qui est soumis en même temps à l'action d'une force dont la loi est de décroître en raison inverse des quarrés des distances, doit décrire *une section conique qui passe par le point de projection*, et qu'en supposant même que cette courbe ne passe pas par ce point, *la direction du mouvement projectile* produit par une telle cause, seroit, *avec la direction de la force centripète, un angle si aigu*, qu'il n'en pourroit jamais résulter un mouvement dans une *courbe elliptique fort approchante du cercle*, comme celle que décrit la terre : deux considérations qui gênent un peu l'explication. Mais alors nous faisons venir une seconde comète, et lui enjoignons de heurter la terre, non pas *en plein corps*, mais *finement* et comme pour faire *la bille au même*, d'où résulteront deux très bons effets; d'abord le pirouettement du globe terrestre, et voilà le mouvement diurne ; puis un mouvement projectile dont la direction fera, avec celle de la force centripète, un angle presque droit, et voilà le mouvement annuel dans une or-

ourses, plutôt qu'autour d'orion ou de tout autre point du ciel (1); une telle

bite presque circulaire. Enfin, nous faisons venir successivement cinq autres comètes, auxquelles nous donnons les mêmes ordres, relativement aux cinq autres morceaux, en recommandant à une d'entr'elles de prendre la bille un peu plus pleine pour Mars, afin d'alonger davantage son ellipse, etc. et voilà *tout expliqué*; il ne nous manque plus que *des preuves*; car des *explications* ne sont point des *démonstrations*, et une hypothèse, pour être solide, ne doit être qu'une *alonge de l'observation*. Mais quel est votre sentiment sur ce point? diront peut-être quelques lecteurs. Nous pensons, répondrons-nous, que l'hypothèse de M. de Buffon a pour elle de très fortes probabilités, quoiqu'il n'ait peut-être pas assez supposé. Quand nous promenons nos regards dans l'espace, nous n'y voyons que des soleils, *tout est soleil, tout est feu dans l'univers,* et les planètes méritent à peine qu'on en parle. La masse de notre soleil est immense en comparaison de celle de nos six planètes primaires, prises en somme; selon toute apparence, *ces miettes sont sorties de ce gros morceau.*

(1) Il faudroit dire : *pourquoi l'axe du mouvement diurne de la terre est dirigé plutôt vers un point situé entre les deux ourses, que vers orion ou tout autre point du ciel?*

question semble avoir pour principe je ne sais quel étonnement stupide ; ces choses-là, pense-t-on, devant se tirer immédiatement de l'expérience, être admises purement et simplement comme *positives* (1). Il n'est pas douteux qu'il n'y ait dans la nature bien des choses qu'on doit regarder comme les dernières de toutes, et comme inexplicables ; mais celle dont nous parlons paroît n'être pas de ce nombre, et notre sentiment est qu'elle a pour cause une certaine *corrélation* ou *harmonie* entre les parties de l'univers ; corrélation qui n'a pu encore être saisie et déterminée par l'ob-

---

(1) Le *positif* est composé de toutes ces choses sur lesquelles l'expérience, la raison, la coutume, ou la convenance, défendent de disputer, et même de raisonner ; tels sont *les loix établies, les règles des jeux, les dogmes d'une religion dominante, les petites loix* qui composent *l'usage du monde et le code de la politesse* ; enfin certains *systèmes très fondés*, mais qui, pour la plupart des hommes, ne sont que des *articles de foi*, comme le *système newtonien*, etc.

servation. Que si l'on admet l'hypothèse du mouvement de la terre d'occident en orient, les mêmes questions ont également lieu. Car d'abord, pourquoi la terre tourne-t-elle sur des pôles quelconques? En second lieu, pourquoi ces pôles doivent-ils être placés où ils sont, plutôt qu'ailleurs? Voilà deux questions auxquelles il faut répondre dans tous les cas. La *polarité* de l'aimant; je veux dire, sa *direction* et sa *déclinaison*, se rapportent aussi au mouvement dont nous traitons. De plus, il est, comme on n'en peut douter, dans les corps, tant naturels qu'artificiels, sur-tout dans ceux qui ont de la consistance, et non dans les fluides, une position respective, un arrangement, une distribution de parties déterminée et constante; une sorte de tissu; des espèces de fibres assemblées de telle manière; toutes choses qu'il importe de connoître, et qu'il faut tâcher de découvrir. Sans la connoissance de cette *texture intime*, on ne peut maîtriser ces corps et les modifier à volonté.

Quant à ces cercles et à ces ondulations qu'on observe dans les liquides, et à la faveur desquels, lorsqu'ils sont comprimés, leurs parties, avant de pouvoir se délivrer de cette compression, se soulèvent réciproquement, afin de partager entr'elles cette action à laquelle elles sont soumises, et de la supporter toutes également (1); ce phénomène, nous l'a-

---

(1) Cette explication est mal exprimée, mais elle n'en est pas pire : il paroît qu'il connoissoit fort bien cette loi qui est la base de toute l'hydrostatique : *lorsqu'on presse quelque partie d'un fluide, la pression se communique à toutes ses parties.* Cela posé, si je jette une pierre dans un canal, toutes les colonnes verticales du fluide, qui se trouvent sous cette pierre, étant alors plus pressées que les autres, deviennent plus fortes ; elles doivent donc, pour rétablir l'équilibre, soulever un instant celles qui les environnent immédiatement. Mais celles-ci étant soulevées deviennent plus fortes que celles qui les environnent aussi immédiatement, et doivent par conséquent les soulever encore. Ainsi, la pression exercée par cette pierre doit occasionner un soulèvement successif de

vons, avec plus de fondement, attribué au mouvement de *liberté*.

Soit le quinzième mouvement, celui de *transmission* (par les pores ou *meatus*), lequel consiste en ce que les vertus ou actions des corps éprouvent plus ou moins d'obstacles ou de facilité à leur transmission, de la part des milieux qui leur servent de *véhicules ;* différences dépendantes de la nature de ces corps, des vertus qui opèrent, et du milieu où ils exercent leur action. Car tel milieu convient à la lumière ; tel autre, au son ; tel autre encore, au chaud et au froid ; tel autre enfin, aux vertus magnétiques. Il en faut dire autant des autres actions, envisagées respectivement et sous ce point de vue.

Soit le seizième des mouvemens à dé-

---

colonnes, selon toutes les directions, et dans un espace dont la partie du fluide, touchée par cette pierre, est le centre. De là, ces cercles qu'on observe en pareil cas, et qui vont en s'agrandissant de plus en plus.

nombrer, le mouvement *royal* (car telle est la dénomination que nous employons pour le caractériser), ou le mouvement *politique*, par lequel les parties qui, dans un corps, prédominent et commandent, mettent, pour ainsi dire, un frein aux autres, les domptent, les subjuguent, les gouvernent et les forcent à se réunir, à se séparer, à s'arrêter, à se mouvoir, à se placer; non pas en obéissant simplement aux tendances qui leur sont propres, mais de la manière la mieux appropriée, et tendante le plus directement au bien-être de cette partie qui commande; ensorte qu'il y a là une sorte de *gouvernement* et de *police*, que la partie régnante exerce sur les parties sujettes (*i*). Ce mouvement réside au degré le plus éminent dans les esprits des animaux. Tant qu'il est dans sa force, il règle tous les mouvemens des autres parties, et les tempère les uns par les autres. Il se trouve aussi dans les autres corps, mais à un degré inférieur; comme nous l'avons observé en parlant du sang et des urines, qui ne se dissolvent point, avant que l'esprit qui mêloit leurs différentes parties, et les maintenoit ensemble dans l'état de combinaison, ait été émis ou suffoqué. Or, quoique, dans la plupart des corps, les esprits dominent, vu la rapidité de leurs mouvemens et leur force pénétrante; cependant le mouvement dont nous parlons, ne leur est pas tout-à-fait particulier. Mais, dans les corps mêmes qui, étant très condensés, ne sont pas intimement pénétrés d'un esprit plein de vie, de force et d'activité (tel que celui du mercure et du vitriol), ce qui domine, ce sont les parties grossières (1). Ensorte que, si l'on ne trouve quelque moyen pour secouer ce joug, pour rompre ce frein, on ne doit point se flatter de pouvoir

---

(1) Parce qu'alors ce n'est plus ni la vitesse, ni la subtilité des parties qui produisent les grands effets, les effets les plus importans; mais la masse. Et c'est ce qui arrive, lorsque la fin du composé n'est pas le mouvement; mais au contraire le repos et la stabilité.

opérer quelque nouvelle transformation dans les corps de cette espèce. Or, comme le but propre de cette série, de cette distribution de mouvemens, n'est autre que de rendre leurs *prédominances* plus faciles à découvrir par le moyen des *exemples de lutte*, en nous voyant ainsi faire mention de cette *prédominance* parmi les *mouvemens*, on sera porté à croire que nous perdons de vue notre objet actuel; mais ce seroit s'abuser que de le penser. Car, dans cette dernière application du mouvement *royal*, ce n'est pas de la prédominance *des mouvemens* et *des forces* que nous parlons, mais seulement de la prédominance des *parties* dans les corps; ce qui est tout-à-fait différent, vu que c'est cette dernière sorte de prédominance qui constitue l'espèce particulière de mouvement dont nous parlons ici.

Soit le dix-septième des mouvemens à dénombrer, le *mouvement spontanée de rotation*, par lequel les corps qui *aiment à se mouvoir, et qui se trouvent bien placés, jouissent de leur nature, n'obéissent qu'à leur propre impulsion, ne tendent qu'à eux-mêmes, et semblent ne rechercher que leurs propres embrassemens* (1). En effet, les corps paroissent susceptibles de trois différens états : ils peuvent ou se mouvoir sans tendre à aucun terme, ou se tenir tout-à-fait en repos, ou se porter vers un terme. Et quand ils y sont arrivés, selon que leur nature les détermine, ils tournent sur eux-mêmes, ou se reposent. Quand ceux qui se trouvent bien placés aiment le mouvement, ils se meuvent circulairement, c'est-à-dire, d'un mouvement éternel et sans fin. Mais ceux qui, étant bien placés, ont horreur du mouvement, demeurent dans un parfait repos. Ceux qui ne sont pas bien placés, se meuvent en ligne droite (comme s'ils choisissoient le plus court chemin) vers la masse de leurs *congénères*. Or, ce

---

(1) Quelle physique! Voilà toutes les planètes *personnifiées* et transformées en autant de Narcisses.

mouvement de *rotation* est susceptible de *neuf différences*.

La première est celle du *centre* autour duquel les corps se meuvent.

La seconde est relative aux *pôles* sur lesquels ils font leurs révolutions (1).

La troisième se rapporte à la *grandeur de la circonférence* qu'ils décrivent dans *leur révolution;* grandeur proportionnée à la distance où ils sont du centre de cette révolution (2).

La quatrième dépend de l'*espace* qu'ils parcourent *dans un temps déterminé*, selon que la rotation est *plus lente* ou *plus rapide*.

La cinquième est relative à la *direction*, au *sens* dans lequel ils se meuvent;

---

(1) Il semble regarder toujours ces deux pôles comme deux *pivots*.

(2) Dans cette énumération, il confond le mouvement de *rotation* avec celui de *circulation*. Il est vrai que le cercle ou toute autre courbe que décrit un corps, a aussi ses pôles. Mais ce n'est pas ce qu'il veut dire.

par exemple, d'orient en occident, ou d'occident en orient.

En sixième lieu, ils peuvent, dans leur révolution, s'éloigner du cercle parfait, par *des spires plus ou moins distantes de leur centre* (du centre de cette révolution).

7°. Ou par *des spires plus ou moins distantes de leurs pôles.*

8°. Ou par *des spires plus ou moins écartées les unes des autres.*

La neuvième et dernière différence naît de la *variation de leurs pôles*, si ces pôles sont *mobiles;* différence qui n'appartient pas proprement à la *rotation;* à moins que cette variation ne soit l'effet d'un mouvement *circulaire* (1).

Ce mouvement, suivant une opinion

---

(1) Comme celle des pôles de la terre, qui est l'effet de leur révolution autour des pôles de l'écliptique, dans l'espace de vingt-cinq mille neuf cent vingt ans, et d'où résulte la *précession des équinoxes.* A son énumération, il auroit dû ajouter la différence relative à l'*espèce* de la courbe rentrante que décrit le corps circulant.

commune et invétérée, est regardé comme propre aux corps célestes. Mais c'est un point qui a donné lieu à une grande et longue dispute entre les astronomes, tant anciens que modernes, dont quelques-uns ont attribué à la terre même le mouvement de *rotation;* dispute qui n'est pas encore terminée (1). Cependant, une question qui méritoit tout autrement d'être discutée (si toutefois cet autre point n'est pas hors de dispute), c'est de savoir si le mouvement dont il s'agit (en supposant que la terre soit immobile), se termine aux limites de la région céleste, ou si plutôt on ne doit pas penser que, descendant, pour ainsi dire, de là, il se communique à l'air et aux eaux de l'océan. Quant à cet autre mouvement de rotation, qui a lieu dans les armes et les

---

(1) Mais qui l'a été depuis par la découverte de *l'aberration des étoiles fixes;* preuve directe du *mouvement annuel* de la terre, et preuve indirecte de son *mouvement diurne.*

corps lancés, comme dards, flèches, balles d'armes à feu, et autres corps semblables, nous le renvoyons à l'aphorisme où nous avons traité du mouvement de *liberté*.

Soit le dix-huitième mouvement, celui de *trépidation*, qui, dans le sens des astronomes, nous paroît assez douteux (1). Quant à nous, lorsque nous promenons nos regards sur la nature entière, pour découvrir toutes les tendan-

---

(1) Selon toute apparence, il veut parler du mouvement de *libration* de la lune; mouvement par lequel cette planète qui paroît nous présenter toujours le même hémisphère, la même face (vu que, depuis l'époque où l'on a fait de ses taches une sorte de carte, elle peut servir en tout temps à y voyager avec les yeux), ne laisse pas de nous montrer un peu plus, tantôt de sa partie orientale, tantôt de sa partie occidentale; ce qui a l'air d'une sorte de *libration* ou de *balancement*, et n'est probablement qu'une *apparence:* il est, dis-je, à présumer qu'il veut parler de cette *libration;* car je crois que le mouvement de *nutation* de l'axe de la terre n'étoit pas encore connu, ou du moins suffisamment prouvé par l'observation.

ces des corps, ce mouvement-là se présente à notre esprit, et nous paroît devoir être constitué en espèce (*k*). Or, celui-ci nous semble être un mouvement d'éternelle captivité; je veux dire que les corps qui, eu égard à leur nature, ne se trouvent ni tout-à-fait bien, ni tout-à-fait mal placés, sont dans un perpétuel mouvement de *trépidation;* qu'ils sont alors dans une sorte d'inquiétude, ne sachant pas se contenter de leur état actuel, et n'osant se porter plus avant. C'est un mouvement de cette nature qu'on observe dans le cœur et le pouls des animaux. Il est nécessairement dans tous les corps qui, étant dans un état d'incertitude et de suspension entre les *avantages* et les *inconvéniens*, et faisant effort pour se délivrer des derniers, se portent, pendant quelque temps, vers les premiers, et sont de nouveau repoussés vers le point d'où ils étoient partis (*l*).

Vient enfin le dix-neuvième et dernier mouvement, qui semble mériter à peine ce nom, et qui est pourtant un mouvement très réel. Qu'il nous soit permis de l'appeller *mouvement tendant à l'inertie*, ou d'*horreur pour le mouvement* (1). C'est par celui-ci que la terre, en vertu de sa seule masse, demeure immobile (2), ses extrémités se portant vers son milieu (3). C'est aussi en vertu de

―――――――――――――――

(1) La bizarrerie de cette expression vient de ce qu'il désigne indistinctement par ce nom de *mouvement*, non-seulement les *mouvemens actuels*, mais même les mouvemens simplement *dispositifs*, les simples tendances, forces ou efforts.

(2) Newton, au contraire, nous dit que la terre, en vertu et en raison de cette même masse, est attirée par le soleil, et tend par conséquent à se mouvoir vers cet astre, quoiqu'ici bas la matière même du soleil, et tous les feux artificiels que nous connoissons, aient une force *expansive* et *répulsive :* lequel croire ? ni l'un ni l'autre, s'il le faut.

(3) Les parties de sa surface se portent vers son centre; non qu'elles tendent à un centre imaginaire, mais seulement parce qu'elles tendent à s'unir. Si toutes les parties du globe terrestre s'attirant réciproquement, tendent les unes vers les autres, elles tendent, par cela même, vers leur centre commun, qui est le centre du globe.

cette tendance que tous les corps extrêmement condensés ont horreur du mouvement, et que, pour toute détermination, ils ont celle de ne se point mouvoir. L'on a beau les exciter, les agacer d'une infinité de manières pour les engager à se remuer, néanmoins ils conservent leur nature autant qu'il leur est possible. Que si enfin l'on parvient à les mettre en mouvement, ils ne cessent de travailler pour recouvrer leur repos, qui est leur état naturel, c'est-à-dire, qu'ils tendent de toute leur force à ne se plus mouvoir; et quant à ce dernier point, pour l'obtenir, ils ne manquent pas d'activité; ils tendent à ce but avec assez de légèreté et de rapidité, comme ennuyés et impatiens de tout délai à cet égard (1). Or,

---

(1) Je ne sais si notre auteur, au lieu d'appliquer à la physique tous ces termes moraux, n'auroit pas mieux fait de transporter dans la morale l'observation physique qu'il fait ici. En effet, il est une certaine activité turbulente qui passe pour diligence, mais qui n'est rien moins que ce qu'elle

ce mouvement, nous ne pouvons en voir tout au plus qu'une partie et qu'une foible image; car, en vertu de cette espèce de *concoction* et de *digestion* que les corps célestes font subir à tous les corps tangibles qui se trouvent près de nous, non-seulement aucun de ces corps ne se trouve au plus haut degré de condensation, mais même tous sont combinés avec une certaine quantité d'*esprit*.

Nous avons désormais *dénombré* et *défini* les espèces et les élémens simples des mouvemens, des tendances et des vertus actives, qu'on peut regarder comme les plus universelles dans la nature, et cette esquisse que nous en donnons, suppose une certaine connoissance de la nature; cependant nous n'avons garde de prétendre qu'à ces espèces indiquées,

---

paroît. Au fond, tous ces gens qui travaillent si vite, ne sont que des paresseux qui courent au repos. Quand on aime à voyager, on marche lentement pour faire durer le voyage; ne veut-on qu'arriver, on prend la poste.

on n'en puisse ajouter d'autres; qu'en suivant de plus près les veines et les ramifications des choses, on ne puisse changer ces divisions, et en donner de plus exactes; enfin, qu'on ne puisse les réduire à un plus petit nombre : bien entendu qu'on ne se contentera pas de certaines divisions abstraites, et telles que seroient celles qu'on voudroit faire en disant : que les corps appètent ou leur *conservation*, ou leur *exaltation*, ou leur *propagation*, ou *la jouissance de leur nature*; ou même en disant: que les mouvemens des corps tendent à la *conservation* et au *bien*, soit de l'*univers entier*, comme les mouvemens d'*antitypie* et de *liaison*; ou des grandes *communautés* (des grandes masses), comme les mouvemens d'*aggrégation majeure*, de *rotation*, et d'*horreur du mouvement*; ou enfin, des *formes spécifiques et particulières*, comme les autres mouvemens. Car, quoique ces distinctions soient assez fondées; cependant, si elles ne sont pas déterminées par les propriétés de la matière, conformes à la texture réelle des composés, et tracées d'après les vraies lignes de démarcation, elles sont de peu d'utilité et de pure spéculation. Cependant elles peuvent suffire pour le moment, et être d'un assez grand usage, quand il ne s'agit que de vérifier les *prédominances* des forces ou vertus, et de chercher les exemples de *lutte;* ce qui est notre objet actuel.

En effet, parmi ces mouvemens que nous venons d'indiquer, il en est d'absolument invincibles : quelques-uns, plus forts que les autres, les lient, les brident, les maîtrisent, les gouvernent, les modifient. Ceux-ci sont de tous les mouvemens ceux qui agissent à la plus grande distance, et qui ont la plus longue portée. Ceux-là agissent avant coup, et préviennent tous les autres par leur célérité. Il en est enfin qui se favorisent, se conservent, se fortifient, s'étendent et s'accélèrent réciproquement.

Par exemple, le mouvement d'*antitypie* est tout-à-fait invincible et comme de diamant. Mais le mouvement de *liaison* est-il également invincible? C'est sur quoi il nous reste quelques doutes; car nous n'oserions décider cette question; savoir : si le vuide, soit accumulé, soit disséminé, a réellement lieu. Mais, ce dont nous ne doutons nullement, c'est que la raison qui a déterminé *Leucippe* et *Démocrite* à introduire l'hypothèse du vuide ; savoir : que, sans le vuide, un même corps ne pourroit occuper et remplir tour à tour de grands et petits espaces, est absolument fausse. Car ces changemens de volume ne sont au fond que les effets de certains *plis de la matière*, qui se plie et se replie, pour ainsi dire, dans l'espace, entre certaines limites et sans l'interposition du vuide (1). Et il

---

(1) Voilà une phrase très satisfaisante pour ceux qui se paient de mots; mais combien elle est foible contre cette réflexion si simple ! Les derniers élémens de la matière sont-ils tous de telle figure et de telle grandeur qu'ils puissent remplir exactement tout l'espace? Nous pouvons hardiment répondre que non, vu l'invraisemblance et même

n'est pas vrai qu'il y ait dans l'air deux mille fois plus de vuide que dans l'or, comme ils le prétendent. C'est ce dont nous sommes suffisamment convaincus par la connoissance que nous avons des puissans effets, et de la force supérieure des substances *pneumatiques* qui, selon eux, nageroient dispersées dans le vuide, comme des grains d'une fine poussière, et par beaucoup d'autres preuves (1). Quant aux autres mouvemens, ils sont tantôt dominans, tantôt domi-

---

l'absurdité de l'affirmative. Donc les derniers élémens laissent du vuide entr'eux. Donc il y a du vuide dans l'univers. Voyez une des notes précécédentes, où nous nous sommes fort étendus sur ce sujet.

(1) Il se peut que les substances pneumatiques remplissent les vuides que laissent entr'elles les parties des corps tangibles. Actuellement les parties de ces substances pneumatiques, peut-on demander, se touchent-elles parfaitement et par tous les points de leurs surfaces ; ou laissent-elles entr'elles quelques vuides ? Cette même question revient toujours.

nés, à raison de leur force, de la quantité de matière qui en est douée, de leur vîtesse, de la distance à laquelle ils agissent; enfin, à raison des obstacles ou des facilités qu'ils éprouvent pour exercer leur action.

Par exemple, tel aimant armé attire et tient suspendu un morceau de fer soixante fois plus pesant; jusques-là, c'est le mouvement d'*aggrégation mineure* qui l'emporte sur celui d'*aggrégation majeure*. Mais, si vous augmentez le poids du fer, c'est alors le second mouvement qui prévaut. Un levier de telle force soulève un corps de tel poids; jusqu'ici c'est le mouvement de *liberté* qui a l'avantage sur le mouvement d'*aggrégation majeure*; mais le poids à soulever est-il plus grand, ce même mouvement aura le dessous. Un cuir tendu avec une certaine force, ne se rompt pas; et alors c'est le mouvement de *continuité* qui surmonte le mouvement d'*extension*; mais si vous étendez le cuir avec encore plus de force, il se rompt, et le mouvement de *continuité* est surmonté. L'eau s'écoule par une fente de telle grandeur; et dans ce cas, le mouvement d'*aggrégation majeure* l'emporte sur le mouvement de *continuité*. Si la fente est trop petite, alors le premier succombe, et le mouvement de *continuité* a le dessus. Si, n'ayant mis dans un fusil que du soufre pulvérisé avec la balle, vous faites feu, la balle n'est pas chassée. Ici c'est le mouvement d'*aggrégation majeure* qui a l'avantage sur le mouvement d'*expansion*. Mais si vous chargez avec de la poudre, alors ce qui prévaut c'est le mouvement *expansif* dans le soufre, aidé par le mouvement d'*expansion* et celui de *répulsion*, combinés dans le nitre; et ainsi des autres. Enfin, ces exemples de *lutte* qui indiquent les *prédominances* des vertus ou forces, et qui montrent selon quelles proportions et quelles mesures déterminables par des nombres, elles prédominent ou succombent, sont d'une si grande utilité, qu'il ne faut épargner ni temps ni peine pour en rassembler de toutes les espèces.

Il faut aussi observer avec soin la manière dont succombent certains mouvemens, et jusqu'à quel point ils cèdent aux mouvemens supérieurs. Je veux dire qu'il faut tâcher de savoir s'ils cessent tout-à-fait, ou si, continuant à faire effort, ils ne sont que liés et suspendus. En effet, dans les corps que nous connoissons, il n'est point de véritable repos ni dans les touts, ni dans les parties; et ce à quoi l'on donne ordinairement ce nom, n'est qu'une apparence (*m*). Or, tout repos apparent est l'effet ou de l'équilibre, ou de la prédominance absolue des mouvemens (1) : de l'*équilibre*, comme dans une balance qui, lorsque les poids mis

---

(1) Comment le repos peut-il être l'effet de la prédominance absolue d'un mouvement? Dès qu'un mouvement prédomine, c'est celui-là qui a lieu, et le repos ne peut résulter que de l'égalité parfaite de deux mouvemens dont les directions sont diamétralement opposées. Mais il faut se rappeller qu'il comprend, sous ce nom de *mouvemens*, et les mouvemens proprement dits, et les simples *tendances*.

dans les bassins sont parfaitement égaux, demeure immobile; de la *prédominance*, comme dans une cruche percée par le bas, où l'eau reste en repos et demeure suspendue par la prédominance du mouvement de *liaison*. Cependant il faut, comme nous l'avons dit, observer jusqu'à quel point les mouvemens qui succombent, font effort. Supposons, par exemple, qu'un *lutteur*, étant tenu à terre, étendu de son long, les bras et les jambes liées, ou retenues par tout autre moyen, de manière qu'il ne puisse se remuer, tende, de toutes ses forces, à se relever, quoique tous ses efforts soient inutiles, ils n'en sont pas moins réels ni moins grands. Or, pour décider cette question; savoir : si le mouvement qui succombe par la prédominance d'un autre mouvement, est totalement anéanti, ou s'il subsiste et continue de faire effort, quoique cet effort ait cessé d'être visible, il faudroit laisser de côté ces *conflits* et *luttes* de *mouvemens*, où il est difficile à appercevoir, et tourner son attention vers les *concours* et *combinaisons de mouvemens*, où il seroit peut-être plus apparent. Par exemple, ayant bien déterminé l'espace qu'un fusil peut faire parcourir à la balle, ou celui qui est entre le tireur et ce qu'on appelle *le blanc*, il faudroit tâcher de savoir si le coup de cette balle seroit plus foible, en tirant de bas en haut, cas où le coup ne seroit l'effet que d'une seule espèce de mouvement, qu'en tirant de haut en bas, autre cas où le coup seroit l'effet composé du mouvement de la *gravité*, combiné avec le mouvement imprimé par la poudre.

Il faut encore recueillir avec soin les *principes* relatifs à ces *prédominances*, et qu'on rencontre sur sa route; par exemple, celui-ci : plus le bien appété est commun, plus le mouvement qui y porte a de force. C'est ainsi que le mouvement de liaison, qui se rapporte à la communauté (au système entier) de l'univers, est plus fort que le mouvement de *gravité*, qui ne se rapporte qu'à la communauté (au système) des corps denses. Et cet autre principe : que les appétits ou tendances qui n'ont pour objet qu'un bien privé, ne prévalent pas ordinairement sur ceux qui ont pour objet un bien public, si ce n'est dans les petites quantités (1). Et ces deux principes, plût à Dieu qu'ils prévalussent dans l'état civil et politique !

---

(1) Au premier coup d'œil, ces deux principes paroissent identiques ; car, si la tendance au bien commun a plus de force que la tendance au bien particulier, la tendance au bien privé ne prévaut pas ordinairement sur la tendance au bien public ; mais voici ce qu'il veut dire et ne dit pas : la tendance au bien universel est plus forte que la tendance au bien d'un système particulier, et cette dernière plus forte que la tendance au bien individuel.

Commentaire du premier chapitre.

(a) *IL nous semble plutôt que la lumière devant employer un certain temps à franchir une si prodigieuse distance.* En comparant la différence observée entre le *temps vrai* et le temps apparent de *l'occultation* du premier satellite de jupiter, par la planète principale, avec la distance de ce satellite à la terre, on a trouvé que la vîtesse de la lumière est à peu près de quatre à cinq millions de lieues par minute ; d'où il suit qu'elle emploie environ sept minutes pour venir du soleil à nos yeux ; par conséquent, si l'on suppose que la distance de l'étoile la plus basse à la terre, égale environ 75000 fois celle du soleil à cette planète (ce qui est peut-être bien au dessous de la réalité), la lumière emploieroit environ un an à venir de cette étoile à notre œil ; ainsi l'étoile qui me paroît se lever en ce moment, s'est levée réellement l'année passée, à pareil jour, à pareille heure, à pareille minute, etc. C'est ce lever réel de l'année passée que je vois aujourd'hui ; et tout le ciel apparent d'aujourd'hui n'est que le ciel réel de l'année passée, à pareil jour. Cette conséquence qui effraie l'imagination, n'étonne pas la raison qui en sent la justesse et la nécessité ; et les preuves qui établissent ce paradoxe, sont, par leur nature, plus fortes que celles qui constatent les faits les plus authentiques de notre histoire.

(*b*) *Et la rapidité avec laquelle les rayons de la lumière franchissent ces espaces immenses, etc.* La circonférence d'un grand cercle du globe terrestre est à peu près de 9000 lieues, de 25 au degré de 57060 toises. Vingt-quatre heures font 1440 minutes. Ainsi, chaque point de l'équateur terrestre parcourt environ six lieues et quart par minute, et 238 toises par seconde. Actuellement supposons, comme dans la note précédente, que la distance de l'étoile la plus basse à la terre soit à celle du soleil à cette planète, comme 75000 à 1 ; et que la distance du soleil à la terre ne soit que de 30000000 de lieues (deux quantités plutôt au dessous qu'au dessus de la réalité). Cela posé, si cette étoile faisoit en vingt-quatre heures une révolution autour de nous, elle parcourroit à peu près 4908738938 lieues par minute. De plus, comme le pouls d'un homme de complexion moyenne et bien sain, bat environ soixante fois par minute, et même est un peu plus fréquent, cette étoile parcourroit près de 81812316 lieues durant le temps d'un battement de pouls. Que seroit-ce donc des étoiles visibles les plus éloignées ? que seroit-ce enfin de la vitesse de celles que nous ne voyons pas ? Car, supposer que la distance de la terre à telle des étoiles invisibles, est à celle de cette même planète à la plus éloignée de toutes les étoiles visibles, comme la dernière de ces deux distances est à la cent-millième partie d'une ligne, ce ne seroit pas seulement faire une supposition très modérée, mais même en faire une très mesquine.

Actuellement imaginons une sphère qui ait pour rayon l'effrayante ligne que nous venons de tirer, et faisons-la tourner autour de nous; quelle vitesse! Si Bacon eût pensé à tout cela, il eût mieux aimé laisser tourner ce globule de 9000 lieues.

(*c*) *Les images visuelles seroient souvent interceptées par les nuages qui s'éleveroient, etc.* L'auteur nous paroît ici être un peu en contradiction avec lui-même : il vient de dire qu'à la distance de soixante milles, il n'y a aucun intervalle de temps sensible entre le moment de l'inflammation de la poudre, et celui où on la voit. Il avoit dit, dans une de ses tables de *comparution*, que les nuages ne s'élevoient jamais jusqu'à la hauteur du *Mont-Olympe*, hauteur qui n'est certainement pas d'une lieue, pas même d'une demie. Ainsi le temps que la lumière emploie à venir de la région des nuages à nos yeux, est imperceptible. Or, les nuages n'empêchent point du tout le mouvement des rayons lumineux, depuis les étoiles jusqu'à la région de ces mêmes nuages, et ils ne peuvent arrêter ou ralentir le mouvement de ces rayons, qu'à l'instant même où ils traversent cette région. Ainsi, d'après ses propres suppositions, il n'est pas vrai que, si le mouvement de la lumière étoit progressif, les nuages retarderoient la vision. La vérité est que, dans certains cas, ils l'empêchent tout-à-fait; et que, lorsqu'ils ne l'empêchent pas entièrement, ils ne causent aucun retardement. Voici ce qu'il falloit dire pour s'exprimer avec plus d'exactitude, et donner un sens à ce passage. Si la lumière employoit un temps notable à venir de la région des nuages jusqu'à mon œil (par exemple, cinq minutes), et qu'au moment où les rayons d'une étoile, supposons *sirius*, traverseroient cette région, un petit nuage passât entre ces rayons et mon œil, cinq minutes après, quoiqu'il n'y eût plus alors de nuage entre sirius et mon œil, je cesserois de voir cette étoile ; parce que cet instant-là seroit celui où les rayons seroient parvenus à mon œil, s'ils n'eussent pas été interceptés cinq minutes auparavant. Et il arriveroit souvent que, par un temps fort serein, où il n'y auroit que quelques nuages semblables, et fort éloignés les uns des autres, l'on verroit certaines étoiles disparoître tout à coup, quoiqu'il n'y eût actuellement aucun nuage entre ces étoiles et le spectateur. Or, cela n'arrive jamais. Ainsi, le temps que la lumière emploie à venir de la région des nuages jusqu'à nous, est tout-à-fait insensible.

(*d*) *On y réussit moins par un coup très fort, que par un coup vif et sec.* Ceci est manifestement contraire à l'expérience. Si, au jeu de *mail*, vous donnez un coup sec à la boule, vous ne la chassez pas aussi loin que si vous prolongez un peu plus le coup; et il en est de même de plusieurs autres jeux où l'on emploie aussi des corps élastiques. Voici la raison qu'en donne *Camus*, *traité des forces mouvantes*. Lorsque vous donnez à un corps élastique un coup vif et sec, les parties opposées à celles qui ont reçu le coup, *réagissent* et se meuvent vers le point frappé; ce qui est autant de perdu pour le mouvement en avant. Mais, outre que cette prétendue explication ne s'accorde point avec la véritable loi des corps élastiques (laquelle, dans le cas supposé, alloue au corps choqué le *double de la vitesse commune*, qui est égale au quotient de la quantité de mouvement du corps choquant, divisée par la somme des masses), une autre raison du même effet, qu'il semble n'avoir pas apperçue, et qui est plus directe en même temps qu'elle est plus vraie, c'est celle-ci : Lorsque le coup donné à la boule est vif et sec, la puissance alors n'étant appliquée au mobile que dans un instant extrêmement court, et le mobile se détachant d'elle aussi-tôt, elle n'agit sur lui que dans cet instant si court où elle le touche. Mais, lorsque le coup est un peu prolongé, la puissance qui alors suit le mobile pendant quelque temps, y est ainsi appliquée pendant un certain nombre d'instans égaux au premier. Dans le second, le cinquième, etc. instant, elle lui communique de nouveaux degrés de vitesse qui se joignent au premier; et de cette accumulation de degrés résulte une accélération de mouvement, analogue à celle que produit la force de pesanteur, dans un corps qui tombe, ou toute autre force constante appliquée à un corps quelconque.

(e) *Si ce n'étoit la vitesse prodigieuse de l'esprit, et la lenteur de la masse corporelle à résister.* A quoi l'on peut ajouter que l'esprit animal étant un fluide très subtil, et qui pénètre aisément la totalité du corps ou de la partie mise en action, son mouvement peut ainsi se distribuer plus exactement et plus complettement à toutes les petites parties de cette partie, ou du corps tout entier; distribution qui n'est rien moins qu'une circonstance indifférente. Car l'expérience nous apprend que de deux fardeaux de même poids, le plus aisé à porter c'est le plus volumineux, pourvu toutefois que son volume ne soit pas excessivement grand, qu'il ne le soit pas assez pour empêcher de le saisir et de le porter commodément; et cela toujours par la même raison, qu'à la faveur de ce plus grand volume, son poids est distribué à un plus grand nombre de parties du corps, et qu'un plus grand nombre de parties de ce fluide vivifiant qui contracte la fibre, et qui est le principe de tout effort, peuvent alors résister à ce poids. Au lieu qu'un fardeau très pesant et de peu de volume, écrase les parties auxquelles il est appliqué, et n'est balancé que par la force de cette très petite portion du fluide vivifiant, qui peut se loger dans ces parties.

(*f*) *Car, tant que ces fluides sont pénétrés d'un esprit plein de vie, de force et d'activité, etc.* Si, au lieu de ces figures et de ces expressions poétiques, déplacées en physique, et qui n'expliquent rien, Bacon nous disoit comment cet esprit peut empêcher les parties homogènes de se réunir, notre esprit seroit un peu plus satisfait. Or, cette explication si difficile à saisir, il n'est pas impossible d'en approcher. Si nous en croyons Hippocrate, ou plutôt notre expérience, de ces différentes forces qui nous vivifient et qui exécutent toutes nos fonctions, la principale est une force *expulsive* (vis expultrix, c'est l'expression de Galien); et ce qui semble le prouver, c'est que, dans tous les cas où la force vitale reçoit quelque grand accroissement, toutes les excrétions sont augmentées considérablement ; ce qui ne pourroit être, si la force qui agit en nous ne chassoit du centre à la circonférence *. Or, cette

---

* Les vaisseaux du corps humain, dira-t-on, sont cylindriques ou coniques ; une force qui contracteroit leurs fibres circulaires, rétréciroit leur capacité, et tendroit par cela même à l'expulsion, en comprimant les fluides qu'ils contiennent, et les déterminant vers les orifices de ces

force ne pouvant résider dans le néant, et rester, pour ainsi dire, *en l'air*, elle réside sans doute dans un fluide assez subtil, pour pénétrer aisément dans les vaisseaux les plus étroits, fluide qui est en même temps très *expansile* et très *expansif*, c'est-à-dire, qui a la propriété de se dilater lui-même, et de dilater les corps qui en sont pénétrés. Or, si telle est la propriété de ce fluide, il n'est pas fort étonnant qu'il tienne écartées les unes des autres les parties homogènes de notre sang; qu'en empêchant ainsi les parties de chaque espèce de se réunir à celles de même espèce, et en les forçant à se mêler ou à rester mêlées avec celles d'espèce différente, il empêche, par cela même, la décomposition du tout. Dès-lors, il n'y

---

vaisseaux où la pression est moindre. Or, comment une force expansive pourroit-elle contracter ces fibres? Je réponds que la force expansive détermine ou favorise l'expulsion de différentes manières; savoir, en relâchant la fibre, en rendant plus fréquentes les oscillations des *émonctoires*, en dilatant leurs orifices extérieurs, en dilatant toute la masse des humeurs, en les rendant plus fluides, etc. Au lieu que la force qui contracte excessivement, ferme ou rétrécit les orifices extérieurs de ces vaisseaux, coagule les fluides, diminue leur volume, etc. Mais l'on conçoit aisément que chacun de ces deux effets opposés n'a lieu qu'entre certaines limites; qu'il est un degré de contraction qui favorise l'expulsion, et un degré d'expansion qui l'empêche.

a plus rien ici d'abstrus ni de mystérieux, sur-tout si l'on suppose que ce fluide animal n'est autre que la matière solaire (ou seule, ou combinée avec quelque autre), dont nous sommes continuellement à portée d'observer les effets qui, considérés en masse, peuvent être tous compris sous les dénominations communes de *répulsion*, d'*expansion* et de *développement*.

(*g*) *Et cela sans communication de substance.* Qu'en savez-vous ? De ce que vous ne voyez point de substance communiquée, vous concluez qu'il n'y a point de communication de substance. Mais ne se pourroit-il pas que la vertu magnétique résidât dans un fluide, comme la vertu électrique, ou du moins en fût dépendante ; et que le frottement mettant ce fluide en mouvement, le fit passer dans le fer, à peu près comme le verre frotté transmet au conducteur qui est en contact avec lui, ou qui en est peu éloigné, son propre fluide, ou celui des corps environnans, ou l'un et l'autre ; avec cette différence que le fluide magnétique demeurât invisible, et ne fût sensible que par ses effets ? On sait que, dans ces derniers temps, on est parvenu à aimanter des aiguilles de fer ou d'acier (du moins quant à la polarité), en leur faisant éprouver une forte commotion, et à changer à volonté leurs pôles, en leur donnant cette commotion par les deux extrémités opposées alternativement *. Le fluide électrique, disent quelques physiciens, traversant rapidement l'aiguille dans le sens de sa longueur, y produit une certaine disposition. Mais, peut-être aussi, la commotion y fait-elle passer et rester certain fluide ; par exemple, le fluide même qui l'occasionne. Lorsqu'ayant fait communiquer avec un conducteur chargé d'électricité, un corps an-électrique, et isolé, vous voyez le dernier attirer les corps légers, puis les repousser : si l'on vous demande quelle est la cause de ces phénomènes, vous répondez que c'est le fluide électrique, parce que vous voyez ce fluide passer du conducteur dans le corps isolé, pour peu qu'ils soient voisins l'un de l'autre, et sans se toucher. Eh bien ! lorsqu'ayant fait passer ce même fluide dans une aiguille de fer, vous voyez cette aiguille acquérir la *polarité*, pourquoi ne faites-vous pas la même réponse si clairement indiquée par le fait ? Toutes

---

* On auroit dû tenter aussi ces expériences sur d'autres métaux, et même sur des substances de toute espèce. Peut-être, à la fin, eût-on reconnu que la *polarité* et les autres propriétés magnétiques ne sont point particulières à l'aimant et au fer aimanté ; mais le simple effet d'une certaine disposition particulière, dont beaucoup d'autres substances sont susceptibles ; ou d'un certain fluide qui peut la donner à tous, ou à presque tous les corps, en s'accumulant dans leur intérieur.

ces explications *négatives* se réduisent à dire : *ce que je ne vois pas, n'existe point;* et l'on tombe dans ce paralogisme, dès que, s'éloignant trop de l'observation, on donne tout au raisonnement et aux suppositions. A quoi bon vouloir tout expliquer, leur dirois-je? Donnez le fait, on vous fait grace de l'explication; ou, donnez-la pour ce qu'elle est, pour une simple conjecture, destinée à provoquer et à préparer l'observation, non à la suppléer, lorsqu'elle est possible. La vraie méthode est de ne tirer de l'observation que des conséquences immédiates, et de ne se permettre de déduire de celles-ci, d'autres conséquences *même immédiates,* qu'après avoir vérifié et comme *sanctionné* les premières par de nouvelles observations. C'est le bâton de l'aveugle dans la main d'un homme clairvoyant et circonspect.

(*h*) *Il paroît aussi que ces effervescences et ces inflammations qui ont lieu dans le sein du globe terrestre, etc.* Pour entendre plus aisément ce passage, il faut se rappeller ce que nous disions dans une des notes précédentes, que Bacon avoit probablement adopté cette opinion de plusieurs philosophes anciens : que l'espace où roulent les corps célestes est la région du chaud, et que la terre est naturellement froide : ils l'appelloient même *le premier froid,* comme on le voit dans le traité qui porte ce nom, et qu'on attribue à Plutarque;

ce qui est à peu près la même chose que si l'on attribuoit à J. J. Rousseau le système de Newton, mais qui pourroit appartenir à Parménide ou à Empedocle, les deux philosophes parmi les anciens qui aient le mieux senti l'insuffisance de l'hypothèse d'un seul principe d'action pour rendre raison de la vicissitude des choses; et la nécessité de supposer dans la totalité de l'univers, et dans ses moindres parties, la présence perpétuelle des deux forces diamétralement opposées, et alternativement prédominantes, dont nous parlons si souvent. Quoi qu'il en soit, des deux phénomènes dont il s'agit ici, l'un s'explique aisément par la supposition du *feu central*; et pour expliquer l'autre, il suffit de supposer que la chaleur produite par les rayons directs du soleil, la seule qui se fasse sentir dans la région moyenne de l'air, est très foible; et que celle qui règne en certains temps et en certains lieux, à la surface du globe, a pour cause l'action concourante et multipliée des rayons solaires réfléchis vers les mêmes points, et rendus convergens par les matières *spéculaires* qui se trouvent convenablement disposées.

(*i*) *Ensorte qu'il y a là une sorte de gouvernement et de police.* Considérant l'effrayante complication des moindres composés, et le peu de proportion qui se trouvoit entre les limites de mon esprit et le nombre infini d'observations, de relations et de combinaisons qu'il faudroit embrasser pour devenir vraiment savant en quelque genre que ce fût ; et convaincu que les parties de ce vaste univers, toutes immédiatement ou médiatement contiguës les unes aux autres, toutes sans cesse agissantes et réagissantes les unes sur les autres, étant ainsi nécessairement toutes causes et effets, buts et moyens, principes et fins les unes des autres, *tout tient à tout, et il y a de tout dans tout* * : que les véritables sciences, toutes contiguës les unes aux autres, comme les parties de l'univers qu'elles représentent, sont les membres également nécessaires d'un seul corps indivisible et immense qui déborde en tout sens l'étroite capacité de l'entendement humain : enfin, que les diverses sciences étant moins la considération des différentes parties de l'univers, que les différentes manières d'en considérer chaque partie pour savoir à fond une seule chose, il faudroit savoir tout, alors je commençai à savoir que je ne savois rien, et à croire que je ne pouvois rien apprendre. Il me paroissoit impossible d'acquérir sur le sujet le plus limité des connoissances suffisantes, s'il n'existoit quelque voie plus abrégée que ces longues analyses auxquelles je me croyois condam-

---

* Tout nous touche en ce monde, puisque tout s'y touche.

né, et où je ne voyois ni commencement ni fin. Mais ensuite je m'apperçus qu'il se trouvoit dans chaque composé un *élément dominant*, une sorte de *roi* qui, bien connu et bien travaillé, mettoit en état d'acquérir sur les autres élémens les connoissances nécessaires, et d'agir sur tous avec peu de moyens, avec de petits moyens, quelquefois même avec un seul et fort commun. Ce principe une fois bien senti, et sachant désormais par où commencer et par où finir, je me disois, par exemple, en m'exerçant sur un petit composé pour apprendre à opérer sur les grands avec facilité : Qui est-ce qui mène la France ? c'est telle société. Qui est-ce qui mène cette société ? c'est tel homme que tous les autres écoutent et copient, qu'ils craignent ou admirent, ou plutôt qu'ils admirent, parce qu'ils le craignent ; c'est donc cet homme qu'il faut étudier et travailler pour être utile à la France. Reste à découvrir la femme qui gouverne cet homme ; enfin, à se procurer le chiffon qui séduit, ou à trouver le mot qui réduit, cette femme ; et alors tout sera fait. Il en faut dire autant des composés physiques, sur-tout des composés organiques, où la partie dominante est presque toujours la pire. Qui connoîtroit aussi-bien le principe d'action de cet univers, que nous connoissons celui de notre imperceptible contrée, pourroit peut-être, avec un seul doigt, ébranler le monde entier.

(*k*) *Ce mouvement-là se présente à notre esprit, et nous paroît devoir être constitué en espèce.* N'est-il pas surprenant que le grand homme auquel nous servons d'interprète, n'ait pas senti qu'un mouvement qui se trouve tout à la fois dans l'atmosphère, dans les eaux de l'océan, dans le pouls de l'homme (c'est-à-dire, dans le cœur et les artères), dans la poitrine, dans les doigts qui écrivent le contraire, dans la bouche qui le nie, et d'autant plus fréquent, qu'elle le nie avec plus de chaleur; dans tous les mouvemens de tous les animaux, dans tout le système solaire, du moins à la surface des planètes, dont toutes les parties sont alternativement dilatées et contractées, et peut-être dans le monde entier, comme nous verrons plus bas: n'est-il pas, dis-je, surprenant qu'un si grand génie, toutes ces choses bien considérées, n'ait pas senti qu'un mouvement si universel mérite non-seulement une place dans son énumération, mais même la première? Car la plupart des dix-neuf mouvemens qu'il dénombre et définit dans cet aphorisme, rentrent dans l'une ou l'autre des deux parties de ce mouvement de *trépidation*, de *vibration*, dont il est ici question, ou dans toutes les deux, comme il nous seroit facile de le faire voir.

(*l*) *Il se trouve nécessairement dans tous les corps qui, étant dans un état de suspension entre les avantages et les inconvéniens, etc.* Les avan-

tages et les *inconvéniens* n'existent que pour les êtres *animés*, qui peuvent les *sentir*, les *comparer* et se déterminer d'après cette comparaison. Les corps inanimés ne sont pas susceptibles de semblables *motifs*; et il ne faut attribuer des mouvemens purement *méchaniques* qu'à des forces de même nature. Nous ne saurions trop le redire, toutes ces expressions *morales* n'expliquent rien en physique, et accoutument à s'y payer de mots. Ne vaudroit-il pas mieux (à l'exemple de *Zoroastre*, de *Parménide*, d'*Empédocle*, de *Telèse*, de *Kirker*, de l'auteur de la *Balance naturelle*, et de tous ceux qui ont senti l'insuffisance de l'hypothèse *d'un seul principe d'action*, pour expliquer la *succession alternative* des mouvemens opposés et toutes ses conséquences), supposer que ce mouvement de *trépidation* ou de *vibration*, cette *succession alternative de Systole et de Diastole*, dont notre auteur veut rendre raison, a pour cause *la présence perpétuelle de deux forces, alternativement supérieures, répandues dans la totalité de l'univers et dans ses moindres parties, et dont les directions sont diamétralement opposées; l'une,* ATTRACTIVE *et* CONTRACTIVE, *agissant* DE LA CIRCONFÉRENCE AU CENTRE; *l'autre*, RÉPULSIVE *et* EXPANSIVE, *agissant* DU CENTRE A LA CIRCONFÉRENCE; *forces dont chacune combat l'autre perpétuellement, sans pouvoir jamais l'anéantir*;

et dont la prédominance alternative, en faisant subir à l'univers entier une continuelle métamorphose, y maintient sur un fonds matériel, indestructible et toujours le même, un éternel équilibre: puis à cette première supposition, ajouter les suivantes, tout aussi nécessaires, et qui sont ou des faits généraux, ou des conséquences immédiates de l'observation.

1°. *Passé un certain degré d'accroissement, un certain maximum, chacune des deux forces diminuant en conséquence de son accroissement même, les circonstances ou conditions nécessaires à son action, se fait ainsi obstacle d'elle-même, augmente, par cela seul, les conditions favorables à l'action de son opposée, et lui donne enfin l'avantage, que l'autre, par une gradation toute semblable, lui cède à son tour ; et c'est ainsi que chacune prédomine alternativement.*

2°. *L'action de l'une* de ces deux forces ; savoir : de la force *répulsive* ou *expansive*, est *intermittente*, et, pour ainsi dire, *à coups*, par *saccades*, ou par *ondulations vives et instantanées* (si l'on veut embrasser, d'une seule vue, les actions qui ont lieu selon tous les rayons de la sphère dont le corps expansif occupe le centre), supposition conforme à celle qu'a faite *Euler* en expliquant les phénomènes de la *lumière*.

Le *chaud* et le *froid* ne sont que deux *cas parti-*

culiers de ces deux actions combinées ; ce sont deux mouvemens de *vibration*, l'un accompagné de *dilatation*, et l'autre, de *contraction*, comme Bacon le suppose, ou plutôt le conclut lui-même dans sa *première vendange*.

4°. Actuellement s'agit-il de la *réalité de ces deux forces*, c'est-à-dire, de trouver les *sujets réels* dans lesquels elles *résident*, ils ne sont pas difficiles à découvrir. La force *contractive et continue* n'est autre que *l'attraction newtonienne*, résidante dans toutes les parties de la matière que nous appellons inerte, et dontsont, en grande partie, composés notre propre corps, tous ceux des trois règnes, notre globe pris en entier, ainsi que les autres planètes, leurs satellites, les comètes, etc. et probablement aussi certaine portion de chaque soleil. La force *expansive et intermittente* réside dans toutes les parties de la matière que nous appellons active *, dont sont, en grande

---

* Nous l'appellons *active*, parce qu'elle tend à *préparer, produire, conserver, faciliter, augmenter* et *rétablir l'action* ou le *mouvement*. Car, d'abord, elle a elle-même un mouvement de *répulsion*, d'*expansion*, du *centre à la circonférence*, qu'elle imprime, lorsque son action est libre, aux parties de la matière *inerte* qui se trouvent en contact avec elle ; puis, en *écartant* ces parties les unes des autres, et donnant *du jeu* à leur *assemblage*, elle les met ainsi, par l'espace qu'elle leur donne, en état d'obéir à

partie, composés les soleils sans nombre dont l'espace est semé ; et dans toutes leurs *émanations*, soit dans celles qui *flottent librement dans l'espace*, soit dans celles qui se trouvent *disséminées entre les parties de la matière inerte*, qu'on peut regarder comme autant de petits soleils qui représentent le grand ; et dont l'action, lorsqu'elle est libre, est analogue à celle de cet astre *.

5°. J'appelle *réaction vive*, ou le mouvement par lequel les parties de la matière inerte, après avoir été écartées les unes des autres par la force répulsive des molécules de la matière active, tendent à se rapprocher, à se porter vers celles de leur espèce ; ou celui par lequel les molécules de

---

leurs tendances particulières, et de se porter ou vers le centre de leur composé respectif, lorsqu'elle s'est exhalée elle-même, ou les unes vers les autres, ou de l'intérieur du composé à l'extérieur. Nous appelons l'autre, matière *inerte*, parce que ses molécules tendant à *se réunir*, et par conséquent *à serrer tout assemblage* dont elles font partie, elles tendent, par cela même, à *faire cesser* le *mouvement*, et à *ralentir* ou à *gêner* celui qui subsiste.

* Si ce qui anime les êtres organisés, n'avoit pas beaucoup d'*analogie*, et même d'*identité* avec le *soleil*, on ne verroit pas dans la saison où les *rayons* de cet astre frappent la surface du globe *en plus grande quantité et avec plus de force*, les animaux, les plantes, *les phénomènes de la vie* animale et végétative, *se multiplier* si sensiblement.

la matière active, après avoir été *serrées* et comme *pincées* par celles de la matière inerte, étant délivrées de leur prison, par la jonction d'autres parties de leur espèce, qui rend leur action supérieure, ou par le relâchement de l'assemblage du composé où elles se trouvent etc. obéissent à leur force répulsive ou expansive, se repoussent réciproquement, et écartent les parties de la matière inerte qui les environnent. J'appelle *réaction morte* celle du grand Newton, c'est-à-dire, celle par laquelle un corps tend à persévérer dans son état actuel, soit de repos, soit de mouvement, et résiste à tout changement. La dernière n'est qu'une cause conditionnelle de toute action ; un corps inerte fait, par sa résistance même, qu'il y *a une action* ; vu qu'il ne peut y avoir d'action sans une résistance à vaincre : au lieu que l'autre est un mouvement réel et positif, soit actuel, soit dispositif *.

Ces suppositions une fois admises, il est facile d'expliquer et le mouvement de *trépidation* ou de *vibration* dont il s'agit dans cet article, et les mouvemens circulaires qui n'en sont que les effets ou les combinaisons ; et ce qui paroîtra plus étonnant,

---

* Le lecteur observera de lui-même que je ne donne point mes *suppositions* pour des *principes* ; et que, si je me trompe, du moins je ne trompe point.

la figure constante des constellations ; explication qui sera organisée de manière qu'elle deviendra une nouvelle preuve de la nécessité de supposer, avec les forces attractives, des forces répulsives aussi générales.

1°. L'on conçoit aisément que, dans un composé que la chaleur dilate, chacune de ses molécules ayant obéi à la force expansive qui l'a un peu éloignée du centre, dès que cette force intermittente cesse d'agir, la force opposée, ou contractive et continue, s'emparant de cette molécule, la meut dans une direction contraire à la première, et la rapproche du centre en la portant même à un point qui en est un peu moins éloigné que celui d'où la force expansive l'avoit tiré ; qu'ensuite celle-ci la reprenant, la porte à un point un peu plus éloigné du centre que celui où elle l'avoit portée dans la première vibration ; et ainsi de suite. Qu'au contraire, dans un composé qui se contracte par le froid, la force contractive, quoique balancée dans chaque vibration par la force expansive et intermittente, qui, dans les instans où elle agit, éloigne du centre la molécule, gagne sur celle-ci une petite quantité ; et que, dans une suite de semblables vibrations, elle rapproche de plus en plus chaque molécule du centre du composé : supposition qui montre la manière dont le mouvement de vibration ou de trépidation peut se combiner également avec le mouvement expansif et le mouvement contractif, comme Bacon l'avoit conclu dans sa *première vendange* ; et qui d'ailleurs est parfaitement d'accord avec l'ordre connu de la nature, où nous voyons que *tout recule en avançant, ou décroît en croissant ; et avance en reculant, ou croît en décroissant ; mais en avançant ou croissant, dans un cas, plus qu'il ne recule ou ne décroît, et en reculant ou décroissant, dans le cas opposé, plus qu'il ne croît ou n'avance.* On en voit un exemple dans la manière dont la chaleur et la lumière croissent du solstice d'hiver au solstice d'été, et décroissent ensuite du dernier au premier. Il en est de même de tous les phénomènes vitaux, de nos sensations, de nos passions, de nos pensées, de nos talens et de nos défauts, de nos vertus et de nos vices, de la réputation et de la fortune des individus, du progrès et de la décadence des empires, de tout, en un mot. C'est une grande clef, et dans la nature, il n'y a point de vraie continuité, tout marche par *saccades* et par *élans*. *Tout recule, pour sauter plus loin ; et tout, pour avoir sauté trop loin, est ensuite forcé de reculer :* tel le monde de l'homme, tel le monde entier.

2°. Les mouvemens *révolutifs* s'expliquent avec la même facilité. Par exemple, s'il s'agit du corps humain et de la circulation du sang, l'on conçoit aisément que le fluide vivifiant, l'esprit animal, en un mot, (qui paroît n'être autre chose qu'une certaine portion de la matière solaire, modifiée par les fluides du corps, mais sur-tout par une autre substance aériforme et de nature aqueuse ou aérienne avec laquelle elle est plus ou moins combinée); que cet esprit, dis-je, extrait du sang, par le cerveau, et de l'air atmosphérique, par les poumons, une fois dérivé au cœur avec le sang qui en est tout pénétré; et dans certain cas, appellé à cet organe par les nerfs (comme par la voie directe), et en plus grande quantité, se déploie dans chaque ventricule alternativement par une sorte d'explosion analogue à celle de la poudre à canon, et le dilate. Puis, les fibres dont est composé cet organe presque tout musculeux, se contractant en vertu de leur ressort naturel, c'est-à-dire, de la force de cohésion ou d'attraction, par laquelle toutes leurs parties tendent à s'unir, ou du moins à se rapprocher, la capacité du ventricule, qui avoit été augmentée par la dilatation, est diminuée; contraction et diminution de capacité d'où résulte l'impulsion du sang dans les artères; savoir : du ventricule gauche, dans les deux branches, haute et basse, de l'aorte; et du ventricule droit, dans l'artère pulmonaire. Puis le sang revient des extrémités, hautes et basses, dans le ventricule droit, y occasionne une seconde explosion et une seconde dilatation, suivie d'une seconde contraction, et ainsi de suite : les artères combinées avec les veines, formant deux longs canaux qui, en s'abouchant par leurs extrémités, forment ainsi un seul canal, continu, rentrant sur lui-même et fermé *. De ces oscillations des deux ventricules du cœur, lesquels alternent l'un avec l'autre, et dont chacun alterne avec son oreillette respective, il doit résulter et il résulte en effet un mouvement de circulation dans toute la masse du sang : mouvement qui a également lieu dans toute l'étendue des limites du globe terrestre, mais par un méchanisme un peu différent.

3°. Par exemple, les eaux de l'océan, des rivières, fleuves, lacs, etc. dilatées, atténuées et sublimées par l'action des rayons solaires et par celle des vents, après avoir flotté durant quelque temps dans l'atmosphère, sous la forme de vapeurs, tantôt visibles, tantôt invisibles, s'élevant jusqu'à

---

* Dans la description de ce canal continu, pour simplifier, on peut faire abstraction des branches ou rameaux de l'aorte qui abouchent avec le ventricule gauche, par le moyen de l'oreillette gauche et de la veine cave qui abouche avec le ventricule droit ; ainsi que du chemin que fait le sang chassé par le ventricule droit, et porté par l'artère pulmonaire dans les poumons ; puis rapporté, par la veine pulmonaire, au ventricule gauche ; l'essentiel ici étant d'avoir un canal continu, fermé, formant une courbe rentrante, et communiquant avec deux cavités qui se dilatent et se contractent alternativement.

la moyenne région de l'air, où règne en tout temps un froid glacial, s'y condensent et s'y réunissent en gouttes de pluie, en grêlons, en flocons de neige, etc. puis retombant, ou immédiatement dans les ruisseaux, les rivières, les fleuves et la mer; ou, médiatement, par la pente des montagnes, retournent, par les lits de ces grands et petits courans, à la mer d'où elles sont sorties en grande partie, et sortiront de nouveau en vertu des mêmes causes, pour y retourner encore par les mêmes chemins.

4°. Les débris de tous les composés qui se trouvent à la surface de notre globe, flottent dans l'atmosphère pendant un certain temps, et y circulent aussi par des causes et un méchanisme fort analogues. Car toutes les régions de cette surface, sur-tout les deux zônes tempérées, se trouvent placées entre les extrêmes du chaud et du froid, soit de haut en bas, soit dans la direction des méridiens. Or, comme la force contractive, dont le *maximum* est au nord, en tout temps (du moins pour notre hémisphère), et dans la moyenne région de l'air, durant l'été, ou à la surface de la terre, durant les grandes gelées, est rarement en équilibre avec la force expansive, dont le maximum est dans la zône torride en tout temps; et à la surface de la terre, durant l'été, ou dans la moyenne région de l'air, durant les grandes gelées, il doit résulter de cette rupture continuelle de l'équilibre, des mouvemens alternatifs de haut en bas ou de bas en haut, et dans la direction des méridiens. Enfin, comme *l'allée* et *le retour* de ces fluides ne se font *jamais précisément sur la même ligne*, il en doit résulter des *mouvemens de circulation* dans les deux sens.

5°. Il ne seroit pas non plus difficile de faire voir que le mouvement de circulation des planètes autour du soleil peut résulter de la combinaison de deux mouvemens alternatifs, dans deux plans tout-à-fait ou presque perpendiculaires l'un à l'autre. Car, si, ayant mis en vibration un pendule, on donne à la balle un petit choc latéral, tendant à lui faire faire d'autres vibrations, dans un plan perpendiculaire ou oblique au premier, elle décrira ou un cercle, ou une espèce d'ellipse, plus ou moins alongée *. Mais, pour faire voir quels sont, dans les planètes, ces deux mouvemens de vibration, et quelles sont leurs causes, il faudroit

---

* Le lecteur doit appliquer tout ce que nous venons de dire sur les mouvemens révolutifs et originaires des mouvemens alternatifs, à tous les endroits de cet ouvrage où l'auteur parle de ce qu'il appelle le *mouvement spontanée de rotation ;* cette longue note étant destinée à éclairer plusieurs parties de cet ouvrage, ces idées ainsi liées et réunies en un seul corps, n'en seront que plus faciles à rappeller.

se jeter dans un raisonnement fort composé; il faudroit de plus attaquer, non pas le fond du système de Newton, qui est inébranlable, mais telle de ses parties, par exemple, la supposition du mouvement projectile, et par conséquent entrer dans des discussions qui excéderoient certainement les limites d'une note ou d'un commentaire, et peut-être aussi celles de notre esprit. Il est plus difficile de raisonner beaucoup sur un tel sujet, sans se tromper, que de se taire; et l'ignorance vaut mieux que l'erreur. Ainsi, nous nous bornerons pour le moment à un raisonnement extrêmement simple qui tend plus directement à notre but.

6°. Depuis deux ou trois mille ans que les Asiatiques ou les Européens font des catalogues célestes, les étoiles se maintiennent toutes ou presque toutes dans des situations et à des distances respectives à peu près les mêmes. Or, je dis que, si tous ces soleils semés dans l'espace s'attiroient réciproquement, ils ne resteroient pas long-temps dans les mêmes situations et aux mêmes distances respectives; car un certain nombre de corps ne peuvent rester long-temps dans les mêmes situations, etc. que dans trois cas.

1°. Lorsque chacun de ces corps étant comme parfaitement isolé, il ne tend vers aucun autre corps, et aucun autre corps n'agit sur lui. Comme alors chacun de ces corps n'est plus en prise à aucune cause qui puisse le mouvoir et le déplacer, ils doivent tous rester où ils sont.

2°. Lorsque tous ces corps sont en équilibre entr'eux, et y demeurent constamment, c'est-à-dire, lorsque toutes les actions exercées sur chacun d'eux (les masses, l'intensité des forces, et les distances aux points d'appui, ou aux centres communs de gravitation, se compensant parfaitement), sont parfaitement égales. Car alors, chacun n'étant déterminé par aucune cause à se mouvoir vers tel de ceux qui l'environnent, plutôt que vers les autres, doit nécessairement rester où il est, comme si aucune cause n'agissoit sur lui.

3°. Lorsque les forces avec lesquelles ces corps agissent les uns sur les autres, sont de telle nature que, dans le cas même où ces actions cesseroient d'être égales, et où l'équilibre résultant de leur égalité seroit rompu par quelque cause intérieure ou extérieure, ces forces mêmes tendroient à rétablir l'équilibre qui en est l'effet.

Or, 1°. nous pensons avec Bacon et tous les grands hommes qui l'ont précédé ou suivi, qu'aucun être n'est isolé ; qu'il n'est point d'île dans l'univers ; que tous les corps, sans exception, et quel que soit leur éloignement respectif, agissent et réagissent, peu ou beaucoup, les uns sur les autres.

2°. Il n'est point dans la nature d'égalité mathématique, d'égalité parfaite, même entre deux corps, à plus forte raison entre une multitude innombrable de corps, telle que peut être celle des soleils semés dans l'espace.

3°. La loi la plus générale et la plus invariable que nous connoissions dans la nature, c'est la tendance perpétuelle et irrésistible du système entier, de toutes les parties de la matière à changer; et si, à certains égards, elle est susceptible de constance à d'autres, elle varie sans cesse, sur-tout par rapport à la quantité de substance ou d'action réunie dans chaque corps, grand ou petit. Si donc l'égalité de force ou d'action, que nous supposons entre ces soleils, avoit lieu un instant, elle ne pourroit subsister.

4°. Reste donc le troisième cas. Or, je dis que, si les forces que les soleils exercent les uns sur les autres, étoient attractives, l'équilibre une fois rompu, ces forces mêmes tendroient à le rompre, et le romproient en effet de plus en plus ; que la plus petite altération dans un seul de cette multitude innombrable de soleils, finiroit par rompre l'équilibre universel, et par replonger l'univers entier dans le chaos. En effet, pour peu qu'un seul de ces soleils éprouvât de diminution dans sa masse, soit par quelque explosion, ou par toute autre cause tendant à la diminuer, et à augmenter d'autant celle des soleils environnans; dès-lors ce soleil, ainsi diminué, tomberoit sur le plus gros, ou, en général, sur le plus fort de ses voisins, par un mouvement accéléré, dont l'accélération iroit toujours en augmentant, et à la fin s'y réuniroit. Puis, ce dernier, ainsi augmenté en masse et en force, attireroit, d'années en années, les soleils voisins, avec bien plus de force qu'il n'auroit attiré le premier : il les attireroit avec une force et une vitesse qui croîtroient en raison composée de l'inverse des quarrés des distances qui iroient toujours en décroissant, et de la directe de sa masse qui augmenteroit continuellement, par l'addition successive de tous les soleils voisins et éloignés ; les premiers tirant, de proche en proche, tous les autres après eux. A la longue, tous ces soleils tombant les uns sur les autres, en entraînant avec eux comètes, planètes, satellites, etc. et tous sur celui qui le premier auroit attiré un de ses voisins, ne composeroient plus enfin qu'une sphère unique, immense et toute de feu, qui s'arrêteroit on ne sait où, jusqu'à ce qu'une seule et grande explosion, ou plusieurs explosions successives redistribuassent le feu dans l'espace à peu près comme il l'est aujourd'hui ; et c'est peut-être là ce vaste incendie, cette *conflagration universelle* que le grand Héraclite a prédite, sans nous dire sur quelles raisons il fondoit cette conjecture. Quoi qu'il en soit, pour peu qu'un seul de ces soleils éprouvât de déchet, l'équilibre se romproit ; avant qu'un soleil tombât tout-à-fait sur l'autre, non-seulement on le verroit s'en approcher sensiblement, mais tous les soleils voisins s'approchant alors du centre commun de gravitation de ces deux soleils, entraîneroient de proche en proche, et déplaceroient successivement tous les autres, en se déplaçant eux-mêmes.

Actuellement je demande s'il est probable que, sur cette multitude de soleils, aucun, pas un seul sur un si grand nombre, n'éprouve jamais de diminution ; cette supposition, si l'on considère la tendance universelle et irrésistible de la matière au changement, est si peu vraisemblable, qu'elle peut même passer pour absurde. Or, comme nous le disions plus haut, depuis deux ou trois mille ans qu'on fait des catalogues célestes, voit-on un certain nombre d'étoiles s'approcher sensiblement d'une d'entr'elles ? Non ; donc elles ne s'attirent pas réciproquement, et ce n'est point une attraction réciproque qui les maintient ainsi à des distances et dans des situations respectives, toujours à peu près les mêmes *.

---

* Lorsque, dans une des notes précédentes, nous disions que ce mouvement projectile que Newton combine avec la force centripète, pour faire tourner les planètes autour du soleil, pouvoit avoir pour cause l'attraction latérale

Si au contraire l'on supposoit, comme l'expérience y invite, que la force qui maintient si constamment en équilibre tous ces soleils, est une force *répulsive, expansive* et *écartante*; dès-lors, quand un soleil, en vertu d'une cause quelconque, commenceroit à tomber sur un autre soleil, comme en s'en approchant, il seroit soumis à l'action combinée de deux forces répulsives qui iroient toujours en augmentant, et qui toutes deux tendroient de plus en plus à l'écarter de l'autre soleil, elles le forceroient ainsi à s'arrêter au point de l'espace où cette double force seroit en équilibre avec la force qui tendroit à l'en rapprocher : et ce que nous disons de ces deux soleils, il faut le dire de tous les autres.

Il paroit donc que la figure constante des constellations, et la situation fixe de tous ces soleils qui demeurent toujours *à peu près* dans les mêmes situations et aux mêmes distances respectives, a pour cause un certain équilibre de forces répulsives qui se sera établi avec le temps, après bien des allées et venues, des balancemens ou oscilla-

---

de quelque constellation composée d'un grand nombre d'étoiles fort grosses et moins éloignées de nous que les autres, nous raisonnions d'après l'hypothèse newtonienne ; mais, dans cette note-ci, nous exposons notre propre sentiment.

tions dans l'espace. Chaque tourbillon ou système solaire est comprimé par ceux qui l'environnent; tous se contretiennent, et rien ne bouge. La force répulsive de la matière de chaque soleil est comme infiniment petite, lorsqu'elle arrive à un autre soleil, vu la prodigieuse distance qui les sépare; mais la matière que lance vers lui chacun des autres soleils, n'ayant pas plus de force, elles se balancent aussi-bien réciproquement que si elles étoient plus fortes; *l'équilibre* dépendant moins de *l'intensité absolue des forces* et *des actions contraires*, que de leur *égalité*.

Il y a donc dans la nature des forces répulsives aussi générales que les forces attractives, comme nous l'avons supposé : supposition qui, étant d'accord avec la dilatation opérée chaque jour par notre soleil à la surface de notre globe *,

---

* Nous ne devons pas dissimuler une réponse que nous fit M. de la Grange, dans une conversation que nous eûmes avec lui sur ce sujet, au mois d'août 1789. Comme nous lui objections contre l'hypothèse de la force attractive du soleil, cette dilatation qu'il opère chaque jour à la surface de notre globe, et qui semble annoncer dans la matière de cet astre, une force répulsive, il se pourroit, nous répondit-il, que le corps, le noyau du soleil eût une force attractive qui déterminât les planètes à graviter sur cet astre; et que sa couche extérieure qui est dans l'état d'ignition et même d'inflammation, eût une force répulsive et expansive qui opérât la dilatation dont

peut être admise en attendant quelque chose de plus certain. Or, comme nous l'avons fait voir en commençant, la supposition des forces répulsives, combinée avec celle des forces attractives, suffit pour expliquer, d'une manière très méchanique et très satisfaisante, non-seulement ce mouvement de trépidation ou de vibration dont il s'agit principalement dans cet article, et dont notre auteur veut rendre raison, mais même les mouvemens *révolutifs* qui en sont l'effet. Ainsi nous n'aurons pas besoin de supposer, comme lui, des corps inanimés qui ont des amours et des haines, des désirs et des craintes, un but et des projets, qui balancent les avantages et les inconvéniens, qui hésitent, qui doutent, qui réfléchissent.

(*m*) *Dans les corps que nous connoissons, il n'est point de véritable repos; ce à quoi l'on donne ce nom, n'est qu'une apparence.* Parmi les grands corps que nous connoissons, nous ne distinguons que quatre espèces ; savoir : les soleils,

---

vous parlez. Mais, outre que cette dernière supposition est sujette à bien des difficultés, elle ne résout point du tout l'objection tirée de la constante figure des constellations depuis deux ou trois mille ans. Au reste, c'est aux hommes tels que lui qu'est réservé le droit de décider de telles questions ; nous ne pouvons que *solliciter* et *agacer*, pour ainsi dire, son génie.

les planètes, leurs satellites et les comètes *, qui, à proprement parler, ne sont que des planètes à grande révolution, à ellipse fort alongée. Or, les soleils étant tous dans un état habituel d'inflammation, leurs parties sont dans une agitation perpétuelle, sans compter que le nôtre fait en vingt-cinq jours et demi une révolution autour du centre commun de gravitation de tout le système, lequel est dans l'intérieur de cet astre. Les planètes les plus connues ont toutes un mouvement *de rotation* ou *diurne*, et un mouvement *de circulation* ou *annuel*, leurs jours et leurs années étant de différentes durées ; mais toutes, sans exception, ont un mouvement de circulation. De plus, les satellites ou planètes du second ordre, ayant un mouvement de révolution autour de leurs planètes principales, ont aussi chacun au moins trois mouvemens. Les comètes font aussi leurs révolutions autour du soleil: tous les petits corps qui font partie des unes et des autres, participent à leurs mouvemens ; et tous les corps qui sont à leur surface, ne fussent-ils soumis qu'à la dilatation et à la contraction alternatives, que la force expansive de la matière solaire et la force opposée y opèrent chaque jour, ils auroient deja tous

---

* On peut regarder l'anneau de saturne comme une espèce de satellite.

trois, quatre ou cinq espèces de mouvemens. A quoi l'on peut ajouter tous ces mouvemens irréguliers qui peuvent résulter des attractions réciproques et combinées de tous ces grands corps. Ainsi, non-seulement il n'est point de repos absolu dans les corps que nous connoissons, mais même nous ne connoissons aucun corps qui n'ait qu'une seule espèce de mouvement.

CHAPITRE II.

Prérogatives des exemples économiques ou simplicatifs.

XLIX.

Nous mettrons au vingt-troisième rang, parmi les prérogatives des faits, les exemples *indicatifs*, c'est-à-dire, ceux qui indiquent et montrent, pour ainsi dire, du doigt, tout ce qui peut être utile aux hommes. Car la *puissance* et la *science* mêmes, lorsqu'elles sont seules, peuvent bien agrandir la nature humaine, mais sans pouvoir rendre l'homme plus heureux. C'est pourquoi il faut aller, pour ainsi dire, cueillant, dans le champ immense de la nature, tout ce qui s'applique le mieux aux usages de la vie humaine. Mais le vrai moment de parler de ces applications, sera celui où nous traiterons des *déductions à la pratique* (des conséquences pratiques). De plus, dans le temps même où nous serons proprement occupés de l'interprétation de la nature, en traitant chaque sujet particulier, nous réserverons toujours une feuille pour l'humanité; sorte de feuille *optative* (*la feuille des souhaits*). Car il est un art de chercher, de souhaiter même, qui fait partie de la science.

L.

Mettons au vingt-quatrième rang les exemples *polychrestes;* ce sont ceux qui, par leurs relations multipliées, ont une infinité d'applications, et qui se présentent le plus souvent. Aussi épargnent-ils beaucoup de travail et d'essais. Or, quant aux instrumens, machines et autres inventions de ce genre, il sera temps d'en parler, lorsque nous traiterons de l'application de la théorie à la pratique, et des méthodes expérimentales. Nous ferons plus alors: dans les histoires particulières des différens arts, nous donnerons des descriptions détaillées de tous les instrumens et autres moyens déjà connus et adoptés dans la pratique. Mais nous nous bornerons, pour le moment, à donner les indications les plus générales en ce genre, et seulement à titre d'exemples *polychrestes*.

Nous disons donc qu'outre ce moyen général et simple qui consiste à approcher les uns des autres les corps divers, on peut agir sur les corps naturels par sept principales espèces de moyens; savoir les suivantes :

1°. En écartant les difficultés, et levant les obstacles.

2°. Par voie de compression, d'extension, d'agitation et autres semblables.

3°. Par le moyen du chaud et du froid.

4°. En les tenant dans un lieu convenable durant un certain temps.

5°. En réprimant et réglant le mouvement.

6°. Par les affinités ou corrélations spéciales.

7°. A l'aide d'une alternation convenable et employée à propos.

Ou enfin par l'ordre et la suite qu'on met dans l'emploi de ces sept méthodes, ou du moins de quelques-unes.

Quant à ce qui regarde le premier genre de moyens, l'air commun qui est toujours là, et qui se glisse par-tout, ainsi que les émanations des corps célestes, troublent fort la plupart des opérations. Ainsi, tous les moyens qui peuvent aider à s'en débarrasser, peuvent être réputés de *vrais polychrestes*. A cet objet se rapportent la matière et l'épaisseur des vaisseaux où l'on met les corps préparés pour quelque opération. Il en est de même de tous les expédiens imaginés pour boucher exactement ces vaisseaux ; soit qu'on les rende solides dans toutes leurs parties, ou qu'on emploie, pour boucher les ouvertures, ce que les chymistes appellent le *lut de sagesse*. Boucher ces vaisseaux à l'aide de certaines liqueurs qui occupent tout l'espace de leurs orifices, est encore une pratique fort utile. C'est dans cette vue qu'on verse un peu d'huile sur le vin ou sur les autres liqueurs extraites des végétaux. Cette huile se répand sur la surface de la liqueur, lui tient lieu de couvercle, et la garantit parfaitement du contact nuisible de l'air (1). Il n'est pas jusqu'aux poudres de différentes substances, qui ne remplissent assez bien le même objet ; car, quoiqu'elles contiennent toujours un peu d'air disséminé entre leurs parties, elles ne laissent pas de garantir

---

(1) Ce moyen est fort pratiqué en Italie, sur-tout en Toscane. Les bouteilles dont on y fait usage, sont ordinairement fort grandes, ayant un cou très long et très étroit. On verse dans ce goulean un peu d'huile qui se répand sur la surface du vin et qui sert de bouchon. Veut-on boire le vin, on donne à la bouteille une petite secousse qui en fait sortir toute l'huile et toute la partie supérieure du vin avec lequel elle peut se trouver mêlée.

les corps de l'action violente de l'air extérieur et réuni en masse. C'est ainsi que l'on conserve des raisins ou d'autres fruits, en les mettant dans du sable ou de la farine (1). La cire même, le miel, la poix ou autres substances visqueuses et tenaces, fournissent un bon enduit pour boucher très exactement les vaisseaux, en fermant le passage soit à l'air, soit à tout ce qui peut venir de la région céleste. Nous avons fait nous-mêmes quelques expériences dans cette vue, en tenant un vaisseau et quelques autres corps dans

---

(1) Et même dans du *son*. Dans mon voyage à Saint-Domingue, j'ai conservé des pommes assez long-temps par ce dernier moyen, et sans autre précaution que de mettre dans une barrique un lit de son, et un lit de pommes alternativement; mais de manière qu'entre deux lits de pommes, il y eût toujours assez de son pour empêcher qu'elles ne se touchassent et ne se foulassent réciproquement. Il s'en conserva au moins un tiers jusqu'à Saint-Domingue, quoique nous eussions passé près d'un mois à Cadix, et que la traversée d'Espagne en Amérique eût duré cinquante jours.

le mercure, celle de toutes les substances susceptibles de se répandre autour d'un corps, et de l'envelopper exactement, qu'on doit certainement regarder comme la plus dense. Les cavernes et en général les souterreins sont aussi d'un grand usage pour empêcher l'*insolation*, et pour garantir les corps de la *rapacité* de l'air extérieur et libre; souterreins qui servent de greniers dans les parties septentrionales de l'Allemagne (1). Un autre moyen tendant au même but, c'est de tenir les corps au fond de l'eau. J'ai ouï parler de certaines bouteilles remplies de vin, qu'on avoit descendues au fond d'un puits, dans la seule vue de rafraîchir cette liqueur. Mais, soit oubli ou négligence, ces bouteilles étant restées là durant plusieurs années, et en ayant été tirées à la fin, non-seulement le vin n'étoit pas éventé et affoibli, mais il étoit devenu plus fin et plus généreux; ce qui

---

(1) Et dans une partie de l'Alsace, où l'on emploie aussi ce moyen pour conserver les légumes.

venoit sans doute d'une combinaison plus parfaite de ses principes. Si le but qu'on se propose exigeoit que les corps fussent tenus au fond de l'eau, par exemple, au fond d'une rivière ou de la mer, sans cependant être en contact avec ce liquide, ni être renfermés dans des vaisseaux exactement bouchés, mais seulement environnés d'air, il faudroit alors avoir recours à cette sorte de vaisseau qu'on a quelquefois employé pour travailler sur des bâtimens submergés (1); vaisseaux tellement construits, que le plongeur, en y venant respirer de temps en temps, pouvoit rester fort long-temps sous l'eau. Voici quelle étoit la construction de cette machine, et la manière d'en faire usage. C'étoit une sorte de tonneau de métal, qu'on faisoit descendre bien perpendiculairement jusqu'à la surface de l'eau, c'est-à-dire, de manière que son orifice (placé en bas) fût toujours parallèle à cette surface ; et en le plongeant dans

---

(1) La cloche du plongeur.

cette situation, on entraînoit jusqu'au fond de la mer tout l'air qu'il contenoit. Là, il étoit porté sur trois pieds, à peu près comme ce qu'on appelle un trépied. La longueur de ces pieds étoit de quelque peu moindre que la hauteur d'un homme. A la faveur de cet appareil, le plongeur, dès que la respiration venoit à lui manquer, pouvoit introduire sa tête dans la cavité du tonneau, y respirer pendant quelque temps, puis retourner à son ouvrage. Nous avons ouï dire aussi qu'on avoit inventé une autre machine, en forme de petit navire ou de bateau, à l'aide de laquelle des hommes pouvoient parcourir sous l'eau un assez grand espace (1). Mais dans un vaisseau tel que

---

(1) L'essai a été fait près de Bordeaux et a reussi. Nous n'avons point vu cette machine ; mais, pour en avoir quelque idée, tâchons de l'inventer. Soit un bateau couvert d'une espèce de toit arrondi, de manière que le tout forme une cavité assez grande et exactement fermée ; à la réserve de deux ouvertures, l'une en avant, l'autre en arrière, auxquelles soient ajustés deux tuyaux de cuir, tenus

celui dont nous parlions plus haut, l'on pourroit suspendre tel corps qu'on voudroit; ce qui est dans cette expérience notre principal objet.

Tous ces moyens imaginés pour tenir les corps exactement renfermés, ont une autre utilité; ils ne servent pas seulement à fermer tout accès à l'air extérieur, comme nous le disions, mais de plus à empêcher l'évaporation de l'esprit du corps sur l'intérieur duquel on veut opérer. Car il faut que tout homme qui travaille sur les corps naturels, soit assuré de ses *quan-*

---

ouverts à l'aide d'anneaux placés de distance en distance, pour résister à la pression latérale de l'eau; que ces tuyaux s'élèvent de deux ou trois pieds au-dessus de la surface de l'eau, après avoir traversé deux *bouées* (corps volumineux et flottans), l'une à l'avant, l'autre à l'arrière. Cela posé, les orifices des deux tuyaux étant suffisamment élevés, l'eau n'y entrera pas; l'air atmosphérique entrant par l'un des tuyaux, se répandra dans la cavité du bateau; il en chassera, par l'autre tuyau, l'air vicié par la respiration, et les navigateurs auront continuellement de l'air nouveau.

6.   16

tités totales, et bien certain qu'elles n'ont souffert aucun déchet; que rien n'a transpiré au dehors, ne s'est exhalé. Alors, comme la nature même s'oppose à tout anéantissement, pour peu que l'art parvienne à empêcher la déperdition ou l'évaporation de la moindre partie, il en résultera dans les corps des altérations intimes et profondes. Et il est à ce sujet une opinion très fausse qui s'est accréditée; opinion qui, pour peu qu'elle fût vraie, détruiroit toute espérance relativement à la conservation de la quantité totale sans déchet; on s'imagine que les esprits des corps, et l'air, atténués par une forte chaleur, ne peuvent être renfermés, retenus dans aucun vaisseau clos; qu'ils s'ouvrent toujours quelques passages par les pores les plus subtils de ces corps, et s'échappent par ces issues (1). La véritable source de ce préjugé n'est

---

(1) Les vaisseaux les plus épais, les plus compacts et les mieux clos, sont des espèces de cribles dont le feu agrandit les trous.

autre que l'expérience triviale d'un pot renversé sur l'eau d'une cuvette, et où l'on a mis une chandelle ou un papier allumé; car, à l'aide de cette disposition, l'eau est attirée dans le pot, et s'y élève jusqu'à une certaine hauteur : à quoi il faut joindre celle des ventouses, qui, ayant été mises sur la flamme pendant quelque temps, et échauffées par ce moyen, attirent ensuite les chairs. Car on s'imagine que, dans ces deux expériences, l'air étant dilaté et chassé au dehors par la chaleur, sa quantité est diminuée d'autant; et que ce vuide qu'il laisse en s'échappant, est ensuite rempli par l'eau ou les chairs qui viennent occuper sa place, en vertu du mouvement de *liaison* (ou *horreur du vuide*), ce qui est absolument faux. Et il ne faut pas croire qu'ici ce soit la *quantité* d'air qui est diminuée; ce qui l'est réellement, c'est seulement son *volume;* il se contracte, et voilà tout. Ce mouvement, par lequel l'eau le remplace, n'a lieu, ne commence jamais avant que la flamme soit éteinte et l'air refroidi. Aussi les médecins, pour que les ventouses attirent avec plus de force, ont-ils soin de mettre dessus des éponges imbibées d'eau froide. Ainsi, on ne doit point du tout craindre que l'air ni les esprits s'échappent si aisément. Il n'est pas douteux que tous les corps, même les plus solides et les plus compacts, n'aient leurs pores; mais l'air ni les esprits ne se laissent pas si aisément réduire à ce degré extrême de subtilité qui seroit nécessaire pour qu'ils y trouvassent un passage, et l'eau elle-même ne s'écoule point par une fente fort étroite.

Quant au second des deux genres de moyens dénombrés, la principale observation à faire sur ce sujet, c'est que les compressions et autres moyens violens de cette nature sont certainement les plus efficaces pour opérer un mouvement local et autres semblables : ce dont on voit assez d'exemples dans les machines, les armes de trait, les corps lancés, etc. Ce sont aussi les plus puissans pour détruire un corps organique et toutes ces vertus qui ne sont, à proprement parler, que des *modes* ou des *effets* du mouvement; par exemple, les compressions détruisent toute espèce de vie, et même de flamme ou d'ignition. Ce genre d'action dérange, ruine tout méchanisme; elle détruit même toutes ces vertus qui dépendent d'un certain arrangement de parties et de différences un peu grossières dans les parties intégrantes d'un composé; par exemple, les couleurs. En effet, la couleur n'est pas la même dans une fleur entière, et dans la même fleur écrasée; ni la même dans le succin entier et dans le succin pulvérisé.

Il en faut dire autant des saveurs: autre est la saveur d'une poire qui n'est pas mûre; autre, celle de la même poire, comprimée et foulée : dans ce dernier cas, la saveur de ce fruit devient sensiblement plus douce. Mais s'agit-il d'opérer dans des corps similaires des altérations et des transformations plus profondes et plus intimes, alors ces moyens violens ne peuvent presque rien, attendu que les corps n'acquièrent pas, par les moyens de cette nature, un degré de densité qui soit susceptible de quelque durée, mais tout au plus une densité passagère, forcée; et de telle manière qu'ensuite ils font de continuels efforts pour se tirer de cet état violent, et revenir à leur premier état. Cependant il ne seroit pas inutile de faire à ce sujet quelques observations ou expériences plus précises, afin de savoir si la condensation ou la raréfaction d'un corps vraiment similaire, tel que l'eau, l'air, l'huile, ou autre substances semblables, ainsi opérée par des moyens violens, ne pourroit pas devenir fixe et constante, au point que ces corps changeassent, pour ainsi dire, de nature. Et c'est ce dont il faudroit s'assurer d'abord par le simple mouvement; puis par des moyens auxiliaires, et à l'aide d'affinités ou d'autres corrélations. Or, c'est un point que nous aurions pu décider nous-mêmes, si de telles idées se fussent présentées à notre esprit, lorsque nous condensâmes l'eau à coups de marteau, ou à l'aide d'une presse, expérience dont nous avons parlé ailleurs; et si nous eussions pensé à examiner l'état de ce liquide, en deçà du degré de condensation où il commençoit à s'échapper par les pores du métal. Cette sphère que nous avions ainsi applanie, nous aurions dû la laisser dans cet état pendant quelques jours, et alors seulement en tirer l'eau, afin de voir si elle recouvreroit aussi-tôt le volume qu'elle avoit avant sa condensation. Si elle ne l'eût pas recouvré sur-le-champ, ou du moins peu de temps après, il semble qu'on auroit pu en inférer que cette condensation étoit devenue constante. Mais si le résultat eût été tout opposé, il eût été clair qu'elle s'étoit rétablie en recouvrant son premier volume, et que la condensation n'avoit été que passagère. C'est ce qu'il auroit fallu faire aussi par rapport à l'extension de l'air dans les œufs de verre. Nous aurions dû, après une forte succion, boucher les œufs sur-le-champ et solidement; puis les laisser en cet état pendant quelques jours; et alors enfin l'on auroit vu si, après qu'on les auroit eu débouchés, l'air eût été attiré avec un sifflement; ou si, après qu'on auroit eu plongé ces œufs dans l'eau, ce liquide eût été attiré en aussi grande quantité qu'il l'eût été dans le cas où l'on n'auroit pas attendu si long-temps. Car il est probable que cet effet auroit eu lieu; ou c'est du moins une chose dont il est bon de s'assurer, vu que, dans les corps un peu dissimilaires, la seule durée produit de tels effets. Par exemple, si, après avoir courbé avec effort un bâton, on le laisse quelque temps dans cette situation, il ne se redresse plus. Et qu'on n'aille pas attribuer cet effet à la diminution de la quantité de matière du bois, occasionnée par le laps de temps; car, en attendant encore plus long-temps, le même effet a lieu dans une lame de fer, quoiqu'elle ne soit pas *perspirable* et ne souffre aucune évaporation. Que si la seule durée ne suffit pas pour faire réussir l'expérience, il ne faut pas pour cela se rebuter, mais recourir à d'autres moyens; car ce ne seroit pas peu gagner, que de pouvoir, par ces moyens violens, introduire dans les corps des natures (qualités) fixes et constantes. Par cette voie, l'on pourroit peut-être, à force de condenser l'air, le convertir en eau, et opérer une infinité de semblables transformations; l'homme étant beaucoup plus maître des moyens violens, que de tous les autres.

Le troisième des sept genres de moyens dénombrés se rapporte au grand et double instrument, tant de l'art que de la nature; je veux dire au *chaud* et *au froid*. Mais la puissance humaine semble être, à cet égard, tout-à-fait boiteuse, et avoir un pied beaucoup plus foible que l'autre. Car nous avons bien sous notre main la chaleur du feu artificiel, qui a infiniment plus de force et d'intensité que celle du soleil (considérée du moins dans l'état où elle nous parvient), et que celle des animaux. Mais nous n'avons d'autre froid que celui qui nous vient naturellement durant l'hiver, ou celui que nous trouvons dans les cavernes et autres souterreins; ou, enfin, celui que nous nous procurons en entourant de neige et de glace les corps que nous voulons refroidir; degrés de froid comparables tout au plus à cette chaleur qui règne en plein midi dans une contrée située sous la zône torride; en supposant même qu'elle soit augmentée par la réverbération des murs et des montagnes. Ces degrés de chaleur et de froid sont tels, que les animaux peuvent les endurer pendant un certain temps. Mais ils ne sont rien en comparaison de la chaleur d'une fournaise ardente, ou d'un froid répondant à un tel degré de chaleur. Aussi, dans cette région où vit l'homme, tout tend à la raréfaction, à la dessiccation et à la consomption, presque rien à la condensation et à l'amollissement, sinon par des voies et des méthodes, en quelque manière, bâtardes. Ainsi, il ne faut épargner aucun soin pour rassembler des faits relatifs au froid, et il nous paroît qu'on en trouvera de tels :

En exposant les corps sur des tours élevées, durant les gelées âpres ;

En les plaçant dans des caves et autres souterreins ;

En les entourant de neige et de glace ;

En les descendant au fond des excavations très profondes et faites dans cette vue (1);

En les tenant au fond des puits ;

---

(1) Bacon ignoroit un fait dont on s'est assuré depuis ; savoir : que, jusqu'à une certaine profondeur, par exemple, jusqu'à quatorze toises au-dessous du rez-de-chaussée (ce qui est à peu près la profondeur des caves de l'observatoire de Paris), et à quelques toises plus bas, le thermomètre se tient constamment au dixième degré (échelle de Réaumur); mais qu'au-dessous, la chaleur va toujours en augmentant à mesure qu'on descend, ce qu'on regarde avec raison comme une preuve de l'existence du feu central ; conclusion d'autant mieux fondée, que ces différences sont à peu près les mêmes dans toutes les contrées et sous tous les climats. (Voyez les notes de M. de Buffon, à la suite des époques de la nature.)

En les tenant plongés dans le mercure ou dans d'autres métaux (liquéfiés);

En les plongeant dans les eaux qui ont la propriété de pétrifier le bois (1);

En les enfouissant dans la terre, à l'exemple des Chinois, qui, à ce qu'on rapporte, emploient ce moyen pour la fabrique de la porcelaine : on dit que les matières qu'ils destinent à cela, demeurent dans la terre pendant quarante ou cinquante ans, et qu'ils les lèguent à leurs héritiers comme des espèces de mines artificielles (2);

---

(1) Les relations qui parlent de ces eaux *pétrifiantes*, ne disent point qu'elles soient *plus froides* que d'autres; il paroît qu'elles sont seulement chargées de particules pierreuses et fort atténuées, qui, en se déposant une à une et fort lentement dans les pores du bois, y forment une sorte d'*incrustation*.

(2) Sur la fin de 1774, et au commencement de 1775, j'étois à Canton en Chine, où je me liai avec plusieurs missionnaires ex-jésuites, entr'autres avec le père Lefebvre, qui étoit-là depuis 1735, qui y avoit vu l'amiral Anson, et qui revint avec

Ou, enfin, en employant d'autres moyens semblables.

De plus, il faut observer avec soin les condensations que la nature opère à l'aide du froid, afin de tirer, de la connoissance de leurs causes bien vérifiées, des moyens tendant au même but, et qu'on puisse transporter dans les arts. De ce genre est cette humidité qu'on trouve sur le marbre et sur les pierres qui suent. Telle est encore cette espèce de rosée

---

nous en Europe. J'ai su d'eux, et sur-tout du dernier, que le fait dont parle ici Bacon est fort exagéré. Et d'ailleurs, sans cette précaution d'enfouir, pendant un si grand nombre d'années, la terre qui doit servir de base à la porcelaine, on en fait de très belle à Sèvres près Paris, en Saxe et à Venise, où, moyennant une pièce d'argent, je me fis livrer par un ouvrier un morceau assez gros de cette terre, qui me parut n'être qu'une espèce d'argile assez commune, et qu'à mon retour je donnai à un fabricant de porcelaine, homme fort intelligent, qui en porta le même jugement. Il paroît que la qualité de la porcelaine dépend encore plus de la manipulation, que du choix de la matière.

qu'on trouve le matin sur les vitres, quand il a gelé durant la nuit précédente. On en trouve encore des exemples dans la formation de ces vapeurs qui, en se réunissant dans le sein de la terre, s'y convertissent en eau, et y forment des espèces de réservoirs d'où naissent une infinité de sources ; et dans beaucoup d'autres faits de ce genre.

Outre ces corps dont le froid est sensible au tact, il en est d'autres qui sont doués d'une sorte de *froid potentiel* (*dispositif*), et qui ont aussi la propriété de condenser. Mais il paroît qu'ils n'agissent que sur les corps animés, et rarement sur d'autres. De ce nombre sont plusieurs espèces de médicamens et de topiques. Les uns, tels que les *astringens* et les *incrassans*, condensent les chairs et les parties tangibles ; d'autres condensent les esprits mêmes; et tel est sur-tout l'effet des *narcotiques* (ou *soporifiques*). Car les médicamens *soporifiques* (je veux dire, ceux *qui provoquent le sommeil*), peuvent condenser les esprits de deux manières : l'une, en calmant les mouvemens violens et irréguliers ; l'autre, en repoussant et mettant, pour ainsi dire, en fuite les esprits. Par exemple, la violette, la rose sèche, la laitue et autres substances de cette espèce, qui doivent leurs qualités *bénignes* à certaines vapeurs amies du corps, et modérément rafraîchissantes, invitent les esprits à se rapprocher, à se réunir, diminuent leur force pénétrante, et calment leurs mouvemens inquiets. L'eau de rose aussi mise sous les narines, dans les syncopes, fait que les esprits, d'abord trop dilatés et relâchés, se resserrent et prennent plus de corps; elle semble les nourrir. Mais les opiates et les autres substances analogues repoussent les esprits par leurs qualités malignes et ennemies. Aussi, dès qu'on les applique à une partie, les esprits s'en échappent aussi-tôt et n'y coulent plus aisément. Lorsqu'on prend ces substances intérieurement, leurs vapeurs montent à la tête, chassent, selon toutes les directions, les esprits contenus dans les ventricules du cerveau ; et comme ces esprits, ainsi resserrés, ne trouvent plus d'issues pour s'échapper, ils sont en conséquence forcés de se réunir et de se condenser ; effet qui va quelquefois jusqu'à les éteindre et les suffoquer. Ces mêmes opiates, pris à dose médiocre, ont un effet contraire (1). Par leur action *médiate* et *secondaire* (je veux dire, par cette condensation qui résulte de la réunion des esprits), ils les fortifient, leur donnent plus de consistance, répriment leurs mouvemens vagues et incendiaires.

---

(1) En médecine, ainsi qu'en morale et en politique, la dose fait presque tout. Il n'est point d'aliment salutaire qui, pris en grande quantité, ne devienne un poison ; et il n'est presque point de poison qui, appliqué à propos, soit extérieurement, soit intérieurement, et à dose infiniment petite, ne puisse faire quelque bien, soit comme stimulant, soit comme calmant. C'est ainsi que le sublimé corrosif, qui est un poison très actif, étant suffisamment délayé et gradué avec intelligence, extirpe les maladies vénériennes et beaucoup d'autres.

C'est par ce même effet qu'ils sont d'une grande utilité pour la cure des maladies et pour la prolongation de la vie.

Les préparations qui rendent les corps plus aisés à refroidir, ne sont pas non plus à négliger. Par exemple, l'on s'est assuré, par l'expérience, que l'eau un peu tiède se glace plus aisément que l'eau tout-à-fait froide (1), et ainsi des autres préparations.

---

(1) Ainsi, pour hâter la congélation de l'eau, il faudroit la mettre d'abord sur le feu; ce fait manque de vraisemblance. Car cette eau, d'abord tiède, ne peut se glacer ensuite que lorsqu'elle est au degré marqué *zéro* (échelle de Réaumur), et il faut un certain temps pour qu'elle se refroidisse au degré de l'eau d'abord froide à laquelle on la compare. Voici ce qu'il veut dire : de deux eaux qui sont au même degré, mais dont l'une avoit été chauffée auparavant, et l'autre non, la première se glace plus vite que la dernière, ce qu'on peut expliquer ainsi : la première est, pour ainsi dire, en train de se refroidir; ses molécules sont déjà en mouvement pour se rapprocher les unes des autres : au lieu que celles de l'autre sont tout-à-fait ou presque en repos; et il faut que la cause du re-

De plus, comme la nature ne dispense le froid qu'avec épargne, pour y suppléer, il faut imiter les pharmaciens qui, au défaut du remède positif et spécifique qu'on leur demande, y substituent ce qui en approche le plus, et font ce qu'on appelle un *quidproquo* (1) ; substituant, par exemple, au *beaume*, le *bois d'aloës*, et la *casse* au *cinnamome*. Il faut donc, à l'aide d'observations multipliées et va-

---

froidissement surmonte d'abord leur force d'inertie : à quoi l'on peut ajouter que l'action étant, toutes choses égales, proportionnelle à la réaction, la cause contractive et refroidissante agit avec plus de force sur des molécules qui lui résistent d'abord par leur force expansive, que sur celles qui ne lui opposent point une telle résistance ; et le mouvement *initial* étant plus grand dans les molécules de l'eau qui a été chauffée d'abord, tous les mouvemens ultérieurs doivent s'en ressentir.

(1) Dans la langue la plus commune, comme nous l'avons dit ailleurs, un quiproquo d'apothicaire n'est pas la substitution d'un équivalent, mais une méprise grossière d'où résulte quelquefois la mort, la ruine ou la diffamation du patient ; car on emploie aussi cette expression dans le sens figuré.

riées, voir s'il n'y auroit pas quelque chose qui pût remplacer le froid, je veux dire, voir si l'on ne pourroit pas opérer, par exemple, dans les corps, des condensations, par tout autre moyen que le froid, dont elles sont, pour ainsi dire, l'œuvre (l'effet) propre et spécial. Les différentes espèces de condensations (autant du moins qu'on a pu s'en assurer jusqu'ici), se réduisent à quatre. La première paroît s'opérer par voie de simple impulsion des parties les unes vers les autres (par leur rapprochement purement méchanique); ce qui ne peut guère produire une densité constante (car les corps ainsi comprimés se rétablissent ensuite); mais peut du moins tenir lieu d'un moyen *auxiliaire*. La seconde s'opère par la contraction des parties grossières, après l'émission ou la sortie des parties les plus ténues; effet qu'on observe dans les corps durcis par le feu ; dans la trempe réitérée des métaux, et autres semblables exemples. La troisième a pour cause la réunion des parties homogènes et les plus solides d'un corps, lesquelles auparavant étoient séparées les unes des autres, et mêlées avec des parties moins solides : cet effet a lieu lorsqu'on ramène le mercure sublimé à l'état de mercure coulant ; métal qui, sous la forme de poudre, a beaucoup plus de volume que sous cette dernière forme. Il en faut dire autant de toutes les opérations par lesquelles on purifie les métaux en les débarrassant de leurs scories. La quatrième espèce de condensation s'opère par le moyen des affinités et autres secrettes corrélations, c'est-à-dire, en approchant des corps qu'on veut condenser, des substances qui condensent en vertu d'une certaine force occulte (1);

---

(1) Quand on est réduit à certaines conjectures sur certaines corrélations existantes entre certains corps, on demeure fort incertain ; et ce mot *certain* ainsi placé, c'est précisément lorsqu'on a le moins de *certitude*, qu'on l'emploie le plus souvent. Il attache tant de significations différentes à ce mot *consensus*, que je traduis par celui de *corrélation*, et dont il fait si souvent usage, qu'il est impossible d'en fixer l'acception. C'est tantôt l'état de deux

corrélations qui jusqu'ici n'ont été que
très rarement observées; ce qui n'est rien
moins qu'étonnant : car, jusqu'à ce qu'on
soit parvenu à la découverte des *formes*,
on ne doit pas se flatter de parvenir à la
découverte de ces corrélations. Quant
aux corps animés, il n'est pas douteux
qu'il n'y ait bien des médicamens qui,
pris, soit intérieurement, soit extérieurement, condensent en vertu de ces affinités dont nous venons de parler. Mais

---

corps qui agissent réciproquement l'un sur l'autre,
tantôt celui de deux corps affectés par une cause
commune, quelquefois celui de deux corps qui ont
de l'analogie ou de l'affinité l'un avec l'autre. Le
plus souvent, c'est une relation peu connue entre
deux corps qui ne le sont pas mieux. Autant
vaudroit substituer à cette dénomination si vague
qu'il emploie, cette autre expression, *je ne sais
quelles relations*. Car alors, à la vérité, on n'en
sauroit pas mieux quelles sont ces relations; mais
du moins on sauroit que l'auteur ne le sait pas non
plus; et au lieu de le chercher dans ses livres, où
l'on ne trouve sur ce sujet que des mots, on le cher-
cheroit dans celui de la nature.

ces effets sont fort rares dans les corps inanimés. Il est vrai qu'on parle beaucoup, soit dans les conversations, soit dans les livres, d'un arbre qui se trouve dans une des *Açores* ou des *Canaries*, (car je ne me rappelle pas bien où), et duquel distille continuellement une quantité d'eau suffisante pour fournir aux besoins des habitans(*a*). Si nous en croyons Paracelse, l'herbe appellée *rosée du soleil*, se couvre de rosée vers le midi et dans le temps de la plus grande chaleur du jour, tandis que toutes les autres herbes sont dans un état de dessèchement; mais, pour nous, nous regardons ces deux relations comme fabuleuses. Quoi qu'il en soit, si les faits de cette espèce étoient vrais, ils seroient très précieux et mériteroient bien d'être observés de près. De plus, nous ne pensons point que ces rosées mielleuses et semblables à de la manne, que l'on trouve au mois de mai sur la feuille du chêne, soient produites et ainsi condensées par une certaine affinité, ou par quelque propriété particulière aux feuilles de cette espèce d'arbres. Mais, comme elles tombent également sur les feuilles des autres arbres, elles s'arrêtent et se fixent sur les feuilles du chêne seulement, parce que ces dernières sont plus compactes et non spongieuses, comme la plupart de celles des autres espèces.

Quant à ce qui regarde la chaleur, ce qui manque aux hommes, à cet égard, ce ne sont pas les moyens et les facultés, mais seulement l'attention nécessaire pour observer exactement et bien connoître tels de ses effets, sur-tout les plus nécessaires de tous, quelles que soient, à ce sujet, les vanteries des *spagyristes* (1). En effet, l'on observe et l'on voit assez les effets produits par les chaleurs qui ont beaucoup d'intensité. Quant aux chaleurs plus douces dont l'action est plus dans les voies de la nature, on ne fait

---

(1) Classe de charlatans, chymistes ou médecins, qui se vantoient de pouvoir dégager le pur d'avec l'impur.

pas même de tentatives en ce genre, et par conséquent leur pouvoir demeure toujours inconnu. Aussi voyons-nous, graces aux travaux de ces vulcains si vantés, les esprits des corps être exaltés au plus haut degré, comme dans les eaux fortes et autres huiles chymiques (1), les parties tangibles se durcir après l'émission des principes volatils, et se fixer quelquefois; les parties homogènes se séparer, et même les substances hétérogènes se mêler et s'incorporer grossièrement. Mais nous voyons sur-tout la structure des corps composés, et leurs textures les plus délicates détruites et tout-à-fait confondues. Il auroit pourtant été nécessaire d'observer et d'éprouver aussi l'action et les effets d'une chaleur plus douce, afin d'opérer des combinaisons plus parfaites, et de composer des textures plus régulières, en imitant à cet

---

(1) Il donne ce nom d'*huiles chymiques* aux acides vitriolique, nitreux, marin, sulphureux, acéteux, etc.

égard les opérations de la nature et l'action du soleil; comme nous l'avons déja insinué dans l'aphorisme qui a pour objet les exemples d'*alliance*. Car les œuvres de la nature s'exécutent par des molécules beaucoup plus petites, des mouvemens plus déliés, des combinaisons plus exactes, des dispositions de parties plus régulières et plus variées, que toutes celles qui peuvent être le produit du feu, employé comme on l'a fait jusqu'ici. Mais si, par le moyen des chaleurs et des puissances artificielles, on pouvoit imiter la nature au point de produire des espèces semblables aux siennes, de perfectionner les espèces déja existantes, et de multiplier leurs variétés, ce seroit alors véritablement qu'on reculeroit les limites de l'empire de l'homme; à quoi il faudroit tâcher de joindre une plus prompte exécution. La *rouille du fer*, par exemple, ne se forme qu'à force de temps; au lieu que la conversion de ce métal en *safran de Mars* est l'affaire d'un instant; il en est de même du *verd de gris* et de la *céruse*. Le *crystal* est le produit de plusieurs siècles ; et le *verre*, celui de quelques heures. De la lente concrétion de certains sucs, se forment les *pierres*; et il faut bien peu de temps pour cuire la *brique*. Quoi qu'il en soit, il ne faut épargner ni soins ni industrie pour rassembler des observations et des expériences sur les effets respectifs de toutes les différences dont la chaleur est susceptible, soit quant à l'espèce, soit quant au degré. Par exemple, les effets de la chaleur des corps célestes et produite par leurs rayons directs, réfléchis, réfractés, resserrés et réunis à l'aide des miroirs brûlans (1) ;

Ceux de la foudre, de la flamme, du feu de charbon ;

Ceux du feu fait avec des matières de différente espèce ;

Ceux du feu libre, renfermé, resserré, débordant comme un torrent ; enfin,

---

(1) Des miroirs concaves et des verres lenticulaires.

modifié par les différentes formes et structures des fourneaux ;

Ceux du feu, soit excité par le souffle, ou tranquille et non excité ;

Ceux du feu placé à des distances plus ou moins grandes des corps sur lesquels il agit ;

Ceux du feu transmis par différentes espèces de milieux ;

Ceux des chaleurs humides, comme celle du bain-marie, du fumier ou des animaux, soit à l'intérieur, soit à l'extérieur, ou enfin du foin entassé ;

Ceux des chaleurs sèches, de la cendre, de la chaux, du sable mis au feu ;

En un mot, les chaleurs de toute espèce, et de leurs différens degrés.

Mais le sujet vers lequel nous devons principalement diriger nos observations et nos expériences, ce sont les effets et les produits de la chaleur qui s'approche et s'éloigne par degrés, avec un certain ordre, périodiquement, à des intervalles de temps convenables, ou avec une extrême lenteur. Car cette *régulière iné-*

galité est vraiment fille du ciel et mère de toute génération (1). Quant à une

---

(1) *Ce désordre régulier.* Quand nous publiâmes sous ce titre certain badinage philosophique qui fut assez bien accueilli, ce fut une pensée à peu près semblable qui nous y détermina. Au premier coup d'œil jeté sur l'inépuisable variété de la nature, il semble qu'elle marche au hazard, et que sa seule règle soit de n'en point avoir; mais, en l'observant de plus près, on voit aisément qu'en variant à l'infini les parties qu'elle joue, elle ne change pas pour cela les règles du jeu, ni même la durée de ces parties. Mouvement diurne et annuel, soit du globe terrestre, soit des autres planètes, mouvement du soleil même, fonctions vitales dans l'homme et dans tous les animaux; enfin phénomènes de la végétation, tout est *périodique*. Soit, nous dira-t-on : les grands mouvemens de la nature sont périodiques, quant à leur totalité; mais, dans les limites de ces périodes, elle se donne carrière, et il semble qu'elle ne se gêne pas. Cette dernière supposition, répondrons-nous, seroit une manifeste absurdité. Si les parties d'un mouvement, d'une opération, n'étoient pas périodiques, le tout ne pourroit l'être. Par exemple, si, dans deux années consécutives, les jours n'étoient pas respectivement

chaleur violente, soudaine et comme *par*

égaux, ou, ce qui revient au même, ne se compensoient point, ces deux années ne seroient point égales. De même, si cette multitude de petites opérations partielles, dont l'ensemble compose une digestion complette, n'étoient pas périodiques, le tout ne le seroit pas non plus. Or, les digestions d'un homme sain sont périodiques, donc toutes les parties de cette opération le sont aussi. Il en faut dire autant de toutes les autres. Ainsi, rien de plus philosophique que le précepte qui a donné lieu à cette note : le vrai moyen de rivaliser avec la nature est *d'imiter ses variations périodiques*; et il paroît que la vraie méthode pour exécuter *promptement* ce qu'elle fait *lentement*, est *de multiplier les périodes, en les rendant plus courtes*. Par exemple, il est probable que si, par des moyens faciles à imaginer, on rendoit plus rapide pour les plantes la *succession alternative* de la chaleur et de la fraîcheur, de la lumière et des ténèbres, de la sécheresse et de l'humidité, de l'air tranquille et de l'air agité, on *accéléreroit la végétation*. Car cette *alternation* étant un des grands *moyens* que la nature emploie pour faire germer, croître et vivre les animaux et les végétaux, il est probable qu'en *augmentant la cause*, on *augmenteroit et accéléreroit l'effet*.

sauts, n'en attendez rien de grand (1). C'est ce dont on voit une preuve sensible dans les végétaux, ainsi que dans les matrices des animaux, où la chaleur est sujette à de grandes inégalités, produites par différentes causes, telles que les exercices, le sommeil, l'alimentation, les passions des femelles, durant la gestation, etc. Enfin, dans les matrices mêmes de la terre, où se forment les métaux et les fossiles (2), cette inégalité a lieu et y a ses effets : raison de plus pour relever le défaut de jugement de certains alchymistes; de ceux, dis-je, qui se donnent pour *réformés,* et qui se flattent

---

(1) Ceci ne contredit point ce que nous avons avancé dans la note précédente ; car les accroissemens et décroissemens pourroient être graduels, quoique les périodes fussent plus courtes.

(2) Cette assertion est démentie par l'expérience : dans l'intérieur de la terre, le degré de chaleur, quoique différent en différentes contrées et à différentes profondeurs, est toujours à peu près le même dans les mêmes contrées et aux mêmes profondeurs.

d'opérer des merveilles, à l'aide de la chaleur uniforme de leurs lampes, entretenue pendant un temps infini, précisément au même degré. Nous terminerons ici ce que nous avions à dire sur les effets et les produits de la chaleur. Il n'est pas encore temps de traiter à fond ce sujet, et avant qu'on n'ait mieux approfondi et considéré de plus près l'intime constitution et la texture cachée des différentes espèces de corps. Quand le modèle qu'on veut imiter est bien connu, c'est alors seulement qu'il est temps de chercher des instrumens, de les ajuster et de les mettre en œuvre.

Le quatrième moyen d'opérer, c'est le *temps*, qui est, en quelque manière, le *factotum* de la nature; c'est-à-dire, tout à la fois son receveur et son dépensier. Quand nous disons le *temps*, nous parlons des expériences où un corps est abandonné à lui-même durant un temps notable, et, dans l'intervalle, garanti de l'action de toute force extérieure. Car, lorsque tous les mouvemens étrangers et accidentels cessent, les mouvemens intérieurs s'exécutent complettement, et se manifestent. Or, les opérations du temps sont beaucoup plus subtiles et plus délicates que celles du feu (1). Par exemple, on ne parviendroit jamais, par le moyen du feu, à clarifier aussi parfaitement le vin, qu'à l'aide du temps seul : les parties des substances pulvérisées par le feu, ne sont jamais aussi fines et aussi déliées que celles des substances qui se sont résoutes et consumées à force de siècles. Et même ces combinaisons ou incorporations, qui sont l'effet soudain et précipité du feu, sont beaucoup moins parfaites que celles qui sont le produit du temps seul. Mais toutes ces textures diverses, toutes ces différentes constitu-

---

(1) Le *temps*, comme nous l'avons dit ailleurs, n'est point une *cause* proprement dite, mais une simple *circonstance;* et les effets qu'il lui attribue sont produits *par un grand nombre de petites causes, dont la multitude, le concours et l'action continue, compensent la foiblesse.*

tions que tâchent de prendre les corps long-temps abandonnés à eux-mêmes, et dont ils font, pour ainsi dire, successivement l'essai, telles que peuvent être les différentes espèces de putréfaction, sont détruites par le feu et par les chaleurs fortes. Une autre observation, qui n'est point du tout étrangère à notre sujet, c'est que les mouvemens des corps exactement clos ont quelque chose d'un peu violent ; car cette clôture si exacte empêche ou gêne les mouvemens spontanés d'un corps. Telle est la raison pourquoi les effets de la seule durée, dans un vaisseau tout-à-fait ouvert, contribuent spécialement aux séparations; dans un vaisseau tout-à-fait clos, aux mixtions exactes, aux parfaites combinaisons; enfin, dans un vaisseau, en partie clos, et où l'air entre quelque peu, aux putréfactions. Quoi qu'il en soit, il faut rassembler de tous côtés des exemples relatifs aux produits et aux effets de la seule durée.

Mais le *régime du mouvement* (1), qui est le cinquième genre de moyens, n'est pas le moins puissant. Lorsqu'un corps, qui n'a pas d'action par lui-même, se trouvant à la rencontre d'un autre corps, empêche, repousse, circonscrit, favorise ou dirige son mouvement, c'est-là ce que nous appellons le *régime du mouvement*, lequel dépend le plus souvent de la forme et de la structure des vaisseaux. Par exemple, un vaisseau de figure conique, et placé dans une situation droite, favorise la condensation des vapeurs, comme on le voit par l'effet de celle des alambics. Mais, lorsque le sommet du cône est en bas, il favorise les *défécations;* par exemple, celle du sucre, dont les *formes* (2) ont cette figure et cette situation. Quelquefois il est besoin que les vaisseaux aient des sinuosités, et que leur figure aille en s'élargissant et se ré-

---

(1) La manière de le réprimer, de le diriger et de le régler.

(2) *Forme* est le nom du vaisseau dont il parle.

trécissant alternativement, ou aient d'autres figures semblables. Toutes les différentes espèces de filtrations se rapportent aussi à cette classe; et dans cette opération, le corps qui se trouve à la rencontre de l'autre, livre passage à certaines parties de ce dernier corps, et le ferme aux autres. Or, la filtration ne s'opère pas toujours extérieurement; quelquefois aussi un corps se filtre dans l'intérieur d'un autre corps, et c'est ce qui arrive lorsqu'on met de petites pierres dans l'eau pour y ramasser le limon, ou lorsqu'on clarifie des sirops à l'aide du blanc d'œuf; substance visqueuse à laquelle s'attachent les parties grossières, qui deviennent ainsi plus faciles à séparer des autres, et à enlever. C'est encore à ce *régime* de mouvement que Télèse, qui avoit bien peu approfondi ce sujet, a attribué les figures des animaux, frappé apparemment de ces sinus, de ces espèces de poches qu'on trouve dans la matrice. Mais il auroit dû aussi nous montrer une semblable conformation dans les coques d'œuf, lesquelles pourtant n'ont ni rides ni inégalités. On peut regarder aussi comme un vrai régime de mouvement, toute opération qui consiste à modeler les corps et à les jeter en moule, pour leur donner telle figure déterminée.

Quant aux effets opérés par les *affinités* ou les oppositions (1), ils sont ensevelis dans une profonde obscurité; car ces propriétés occultes et spécifiques, ces sympathies et ces antipathies dont on parle tant, ne sont, en grande partie,

---

(1) Les chymistes des derniers temps désignoient par le mot d'*affinité*, la disposition de certaines substances (telles que l'or et le mercure, l'acide nitreux et le fer, etc.) à s'unir et à se combiner; mais ils n'avoient point de terme propre pour désigner la disposition contraire, nous y suppléons par ce mot d'*opposition*. Quant à la nouvelle nomenclature, nous ne devons l'adopter qu'après l'avoir bien examinée et en avoir senti la nécessité, sachant trop combien certains esprits ont de disposition à s'unir avec de nouveaux termes, et à les prendre pour des inventions.

que des productions d'une philosophie dépravée : et l'on ne doit point se flatter de pouvoir découvrir toutes ces secrettes corrélations, avant la découverte des *formes* et des textures simples; une affinité n'étant autre chose que l'analogie réciproque et la convenance des formes et des textures.

Or, les plus grandes et les plus universelles de ces corrélations ne sont pas entièrement inconnues; ainsi, c'est par celles-là que nous devons commencer. La première et la principale de ces différences consiste en ce que certains corps qui ont beaucoup de rapport entr'eux par leur *texture*, diffèrent prodigieusement par leur *quantité de matière;* tandis que d'autres, au contraire, très analogues par leur quantité de matière, diffèrent beaucoup par leur texture. Et les chymistes ont observé avec raison, que, dans ce *ternaire* (1) de principes qu'ils

---

(1) Le *ternaire*, le *quaternaire*, etc. c'est-à-dire, la combinaison de trois, de quatre, etc. Ne

supposent, le *mercure* et le *soufre*, qui en font partie, pénètrent dans toutes les régions de ce vaste univers, et sont répandus par-tout (car leur théorie sur le *sel* est tout-à-fait inepte, et ils ne l'ont imaginée qu'afin de pouvoir classer sous ce nom toutes les substances terreuses (1), fixes et sèches). Mais, dans les deux autres, se manifeste sensiblement une des affinités ou corrélations les plus universelles de la nature. Car il y a beaucoup d'affinité entre le *soufre*, l'*huile*, la *vapeur grasse*, et peut-être la *substance*, le *corps* même d'une *étoile*. D'un autre côté, le *mercure*, l'*eau* et les *vapeurs aqueuses*, l'*air*, peut-être encore l'*éther* pur (2) et répandu entre les étoiles, ont

---

pouvant employer le mot *trinité*, qui a un sens mystique, ni le mot *trio*, qui est bas et burlesque, je ferai usage de celui de *ternaire*, à l'imitation de certains philosophes qui l'emploient ainsi.

(1) Nous disons terreuses et non terrestres, pour éviter une équivoque; en physique, la justesse et la clarté sont préférables à l'élégance.

(2) Mais qu'est-ce que l'éther? est-ce une sub-

aussi entr'eux beaucoup d'affinité. Cependant, ces deux *quaternaires*, ou ces deux grandes familles de corps (en les considérant chacune dans leurs classes et leurs limites respectives) diffèrent prodigieusement par la densité ou quantité de matière (1); mais, quant à leur texture, ils ont beaucoup d'analogie et d'affinité, comme on en voit la preuve dans

---

stance particulière, ou n'est-ce que la lumière lancée par les soleils, dans toutes les directions possibles, et remplissant tout l'espace qu'ils laissent entr'eux? Les philosophes ont inventé ce mot, pour remplir ce vuide dont ils ne savoient que faire; mais on voit que, pour boucher *ce grand trou*, ils n'avoient pas besoin de cette *cheville*, et qu'ils avoient de la matière de reste.

(1) Les quatre classes dans lesquelles se subdivise chacune de ces deux familles, ont beaucoup d'analogie par la *texture*, mais diffèrent beaucoup les unes des autres par leur *densité*; par exemple, il y a une certaine analogie ou affinité de texture entre le mercure et l'eau; mais la densité du mercure est beaucoup plus grande que celle de l'eau, la première étant à la dernière à peu près comme quatorze à un.

un grand nombre de sujets. Au contraire, les divers métaux ont beaucoup de rapport entr'eux par la quantité de matière, sur-tout en comparaison des végétaux; mais ils diffèrent, à une infinité d'égards, quant à leurs textures : il en faut dire autant des différentes espèces d'animaux et de végétaux, dont les textures sont prodigieusement diversifiées. Mais si on les envisage par rapport à leurs densités ou quantités de matière, toutes leurs différences, à cet égard, se trouvent renfermées dans les limites d'un petit nombre de degrés.

Vient ensuite la plus universelle de toutes les corrélations, après celle dont nous venons de parler, je veux dire celle qui se trouve entre les *corps principaux* (les *substances composantes* ou les *élémens des composés*, leurs *principes*), et les substances qui les *fomentent* ou les *nourrissent*; en un mot, entre les *menstrues* et leurs *alimens* (1). Ainsi il faut

---

(1) Ce n'est qu'une conséquence du principe

chercher sous quel climat, dans quelle espèce de sol, et à quelle profondeur s'engendrent les différentes espèces de

---

qui est la base de notre *règle universelle;* voici ce principe :

Ce qui produit ou commence une chose (substance ou mode), est analogue à ce qui la conserve ou la continue, à ce qui l'augmente, et à ce qui détruit ou diminue sa contraire; et contraire à ce qui produit, conserve ou augmente cette contraire, et à ce qui la diminue ou la détruit elle-même : d'où il suit que, si l'on connoît une seule de ces dix choses, on connoît, par cela seul, les neuf autres; et que, pour connoître *les causes productrices, conservatrices, augmentatrices, destructrices ou diminutrices* de chaque chose, on a dix prises pour une. Ce principe est si fécond, qu'il nous a donné en peu d'années plus de trente volumes, dont l'expérience nous démontre de jour en jour la solidité, à mesure que nous vieillissons; et il compose à lui seul toute la *logique métaphysique,* avec laquelle il faut combiner la *logique pittoresque,* dont nous parlerons bientôt. Car, en parlant à la *raison,* il ne faut pas oublier entièrement *l'imagination,* faculté qui a aussi besoin d'être *exercée.*

métaux. Il faut faire les mêmes recherches par rapport aux pierres précieuses, soit qu'on les tire des rochers, ou qu'on les trouve dans des mines; chercher aussi dans quelle espèce de sol, chaque espèce d'arbre, d'arbrisseau ou de plante herbacée, vient le mieux et semble se plaire le plus; comme aussi quelles sortes d'engrais, soit fumiers de toute espèce, soit craie, soit sable marin, cendres, etc. ils préfèrent, et lesquels de ces engrais conviennent le mieux à chaque espèce de sol. Il en faut dire autant de la greffe des arbres et des plantes, ainsi que des règles à suivre pour qu'elle réussisse ; c'est-à-dire, de celles qui montrent sur quelles espèces de plantes telles autres espèces se greffent avec le plus de succès : toutes choses qui dépendent aussi des affinités et des convenances réciproques. Il est, en ce genre, une expérience dont le résultat n'est pas sans agrément, et qu'on a, dit-on, tentée dans ces derniers temps. Je veux parler de la greffe de sauvageon sur sauvageon (1), (car jusques-là on n'avoit pratiqué la greffe que sur les arbres de jardin); et à l'aide de laquelle on obtient de plus grandes feuilles et de plus gros glands. Ainsi, l'on se procure, par ce moyen, des arbres qui donnent plus d'ombre. De même il faut déterminer comparativement les alimens qui conviennent aux différentes espèces d'animaux; et aux *préceptes positifs*, en ce genre, joindre les *négatifs*. Par exemple, les animaux *carnivores* ne vivent pas volontiers de *plantes herbacées* (2). Aussi,

---

(1) Ce n'est pas précisément de sauvageon sur sauvageon, mais d'arbre stérile sur arbre stérile; en qualifiant de *stériles* les arbres dont les fruits ou les graines ne peuvent servir aujourd'hui pour la nourriture de l'homme.

(2) Un des miracles de notre révolution, est d'avoir rendu assez aisément *frugivores*, bien des animaux carnivores, tels que les chats et les chiens, qui firent avec nous le *carême civique*, et n'en furent pas plus libres; ces animaux pensant, comme ceux d'entre nous qui ont les inclinations assez serviles et assez basses pour voir les choses préci-

quoique l'homme ait, par sa seule volonté, beaucoup plus de pouvoir et d'em-

---

sément telles qu'elles sont, qu'être libre, c'est se croire tel; c'est-à-dire, se croire en état de satisfaire aisément ses besoins et ses goûts naturels, quelle que soit d'ailleurs la nomenclature et la couleur du poil de la bête ainsi affranchie. Quoiqu'il en soit, cette différence de nourriture pourroit peut-être à la longue changer le naturel de ces animaux. Car c'est parce qu'ils ont telle constitution physique, qu'ils sont carnivores, et c'est aussi parce qu'ils sont carnivores qu'ils ont cette constitution; l'influence de la constitution et de la nourriture étant réciproque. Ce que nous appellons le *naturel*, n'est qu'une certaine habitude, ou dans l'individu même dont il s'agit, ou dans les deux qui l'ont engendré, ou dans ceux dont ils sont issus eux-mêmes, ou enfin dans la matière dont les uns et les autres sont composés. Je soupçonne que si l'on nourrissoit uniquement de végétaux, dix ou douze générations de chats, vingt même ou trente si l'on veut, ceux de la dernière ne prendroient plus de souris, et n'auroient pas même de griffes; c'est une expérience à tenter; par la même raison des chevaux nourris de chair seroient plus vigoureux et plus féroces. Ceux d'entre nos lecteurs qui auroient su observer en eux-mêmes la différence prodigieuse

pire sur son corps que tous les autres animaux; néanmoins l'ordre *des feuillans* (1), dit-on, a été bientôt réduit à rien, la nature humaine étant incapable de soutenir long-temps un régime tel que celui qu'ils avoient choisi. Par la même raison, il faut observer avec soin les matières diverses des putréfactions d'où s'engendrent certains animaux.

Disons donc que les analogies ou affi-

---

que mettent dans le caractère, et le tour d'esprit, dans toute la constitution, soit physique, soit morale, le régime végétal et le régime carnassier, seront peu étonnés de ce double paradoxe.

(1) Il paroît que les premiers feuillans avoient eu le projet de vivre de feuilles proprement dites; mais leurs successeurs, personnages graves et judicieux, ont pensé, avec quelque raison, qu'on peut se sanctifier plus commodément en mangeant de fort bon poisson; qu'il n'étoit pas absolument nécessaire, pour parvenir à la béatitude un peu mélancolique qui leur étoit promise, de se procurer précisément trois ou quatre indigestions par jour; et que la véritable voie du salut est de travailler beaucoup, et de bien digérer ce qu'on mange, ce qu'on pense, ce qu'on dit et ce qu'on fait.

nités des corps élémentaires avec ceux qui leur sont subordonnés (car on peut regarder comme tels ceux que nous avons spécifiés); que ces corrélations, dis-je, sont assez sensibles; et qu'il en est de même de celles des sens avec leurs objets respectifs; genre de corrélations faciles à appercevoir, qui, étant observées avec soin et bien analysées, peuvent répandre un grand jour sur celles qui demeurent plus cachées.

Mais les *affinités* et les *oppositions intimes*, ou, si l'on veut, les *amitiés* et les *inimitiés* secrettes (car nous sommes las de ces mots de *sympathie* et d'*antipathie*, à cause des idées superstitieuses et puériles qu'on y a attachées), sont ou mal appliquées, ou entre-mêlées de fables, ou en fort petit nombre, pour avoir été trop peu observées. Par exemple, si quelqu'un, ayant observé que la vigne et le chou, plantés l'un près de l'autre, ne viennent pas bien, supposoit, pour expliquer cette apparente opposition, une certaine *antipathie* entre ces deux espèces de végétaux, il feroit une supposition fort inutile, puisqu'il suffit, pour rendre raison de ce phénomène, de dire que ces deux plantes ayant beaucoup de suc, et en étant fort avides, elles se dérobent l'une à l'autre les sucs de la terre, et s'affament réciproquement; de même en observant que les *bluets* et les *coquelicots* se multiplient dans presque tous les champs à bled, et rarement ailleurs, au lieu de dire qu'il y a une certaine affinité ou analogie entre le bled et ces deux autres plantes, il faudroit dire au contraire qu'il y a entr'elles une sorte d'opposition, le bluet et le coquelicot ne se formant et ne se nourrissant que de cette partie des sucs de la terre que le bled rejette et abandonne; ensorte que toute la préparation nécessaire pour rendre une terre propre pour produire ces deux espèces de plantes, c'est d'y semer du bled. Il est un grand nombre de fausses applications de cette espèce qui ont besoin d'être ainsi rectifiées. Quant aux sympathies fabuleuses, notre sentiment est qu'il faut les rejeter tout-à-fait. Reste donc ce petit nombre d'affinités dont la réalité est prouvée par des faits bien constatés; telles que celles de l'aimant et du fer, de l'or et du mercure, et autres semblables. Parmi ce grand nombre d'observations et d'expériences que les chymistes ont faites sur les métaux, on trouve aussi quelques autres corrélations qui méritent de fixer l'attention. Mais où l'on trouve le plus grand nombre de ces *affinités* ou *corrélations*, c'est dans certains remèdes qui, en vertu de ce qu'on appelle leurs *qualités occultes* ou leurs *propriétés spécifiques*, sont comme affectés à tels membres ou organes, à telle espèce d'humeurs, à tel genre de maladie; quelquefois même à telle constitution individuelle. Il ne faut pas non plus négliger les corrélations existantes entre les mouvemens ou les affections de la lune (1),

---

(1) Ce que Toaldo appelle les points lunaires, comme sizygies, quadratures, apogée, périgée, nœuds, ascendant et descendant, etc.

et les affections (ou modes passifs) des corps inférieurs ; ces corrélations, dis-je, telles que peuvent les indiquer les expériences et les observations tirées de l'agriculture, de la navigation, de la médecine, ou autres semblables, en ne les adoptant qu'après un sévère examen, et en mettant dans ce choix autant de sincérité que de jugement (*b*). Mais cette rareté des faits relatifs aux *secrettes corrélations*, n'est qu'une raison de plus pour les recueillir avec soin, d'après des traditions et des relations dignes de foi, pourvu qu'on le fasse en se dépouillant de toute facilité et de toute crédulité ; en un mot, qu'on n'adopte de tels faits qu'avec la plus grande circonspection, et avec une sorte de foi chancelante. Reste un genre de corrélations, qui, considérées par rapport à la manière dont on place les corps pour les faire agir les uns sur les autres, semble tout-à-fait destitué d'art et de méthode ; mais qui, envisagées par rapport à l'utilité, est un vrai *polychreste ;* je veux dire, la combinaison et l'union, facile ou difficile, des corps, par voie de simple *apposition*, ou *juxta-position*. Car il est des corps qui se mêlent et s'incorporent aisément ensemble, et d'autres qui ne se combinent qu'avec peine. Par exemple, les terres pulvérisées s'incorporent préférablement avec l'eau; les chaux et les cendres, avec l'huile; et ainsi des autres. Il faut rassembler des exemples de la disposition et de l'éloignement des corps, non-seulement pour la combinaison et l'incorporation, mais de plus pour telle distribution, tel arrangement de parties, après qu'ils ont été mêlés ensemble; enfin, des exemples des prédominances qui ont lieu dans les composés, lorsque la mixtion des substances composantes s'est opérée complettement.

Reste enfin le septième et dernier genre de moyens; savoir: la méthode, qui consiste à employer successivement et alternativement les moyens des six premières classes; genre de méthode dont, avant d'avoir approfondi chacun des six autres, il ne seroit pas encore temps d'offrir des exemples. Or, la suite et l'enchaînement d'une alternation de ce genre, ainsi que la manière de l'approprier aux différens effets qu'on a en vue, est ce qu'il y a de plus difficile à déterminer. Mais cette méthode, une fois bien saisie, est d'un continuel usage dans la pratique. Le plus grand obstacle en ceci c'est l'impatience même des hommes, et le peu de goût qu'ils ont ordinairement pour toute spéculation ou exécution de ce genre. C'est néanmoins comme le fil du labyrinthe ; c'est le seul qui puisse nous bien guider et nous mettre en état d'exécuter de grandes choses. Mais en voilà assez pour de simples exemples *polychrestes*.

LI.

Nous mettrons au vingt-septième rang, parmi les prérogatives des faits, les exemples *magiques*. Nous désignons, sous ce nom, tous ceux où, soit la matière, soit la cause efficiente, est en très petite quantité, eu égard à la grandeur des produits ou des effets qui s'ensuivent; proportion telle, que ces effets, quoiqu'assez communs, semblent quelquefois tenir du miracle; les uns, à la première vue, d'autres même après l'examen le plus attentif. Les exemples de cette espèce sont assez rares, et la nature par elle-même ne les dispense qu'avec épargne. Mais nous ignorons ce qu'en ce genre elle pourroit faire, si elle étoit mieux approfondie, si l'on découvroit les *formes essentielles*, les *gradations cachées*, et les *textures secrettes* des différens corps; et c'est une connoissance réservée aux siècles suivans. Or, ces effets magiques, autant du moins que nos connoissances actuelles nous permettent de le conjecturer, s'opèrent de trois manières : ou par la faculté qu'a telle ou telle substance de se multiplier elle-même, comme on en voit des exemples dans l'action du feu, dans celle des poisons réputés spécifiques, ainsi que dans les mouvemens communiqués et renforcés par des roues (*c*) : ou par la propriété qu'ont d'autres substances d'exciter, d'inviter, pour ainsi dire, un corps au mouvement. Tel est l'aimant, qui excite ainsi une infinité d'aiguilles, sans rien perdre de sa vertu, ni souffrir le moindre déchet à cet égard. Tel est aussi le levain; et il en faut dire autant de toutes les substances de ce genre : ou, enfin, par l'*antéversion* (la *précession*) du mouvement, comme nous l'avons supposé pour expliquer les effets de la poudre à canon, de l'artillerie et des mines (1);

---

(1) Si les puissans effets de la poudre à canon venoient, comme il le prétend, de ce que, par la prodigieuse célérité de son expansion, elle *prévient* l'action, soit de la pesanteur, soit de la force d'inertie, ou enfin de l'une et de l'autre, ces effets seroient *illimités*; et il n'y auroit pas une *proportion connue* entre la quantité de poudre et la masse qu'elle peut faire sauter. Or, on s'est assuré par l'expérience, que telle quantité de poudre, de telle qualité, enleve un cône tronqué de telle espèce de terre (ou d'autres substances) et de telles dimensions. Ainsi, les effets de la poudre

trois espèces de moyens dont les deux premières exigent la recherche des affinités et autres corrélations; et la troisième, la mesure des mouvemens. Mais est-il, en effet, quelque moyen de transformer les corps, en opérant sur leurs plus petites parties, et de changer les textures les plus déliées de la matière ; genre d'opération qui pourroit conduire à toutes les espèces de transformations possibles, et qui auroit de si puissans effets, que l'art pourroit exécuter en un moment ce que la nature ne fait que par de longs détours et à force de temps? c'est sur quoi jusqu'ici nous n'avons aucun indice (*d*). Or, ce même amour de la vérité, qui, dans les choses réelles et solides, fait que nous allons toujours jusqu'au bout, et aspirons à ce qu'il y a de plus élevé, fait aussi qu'ayant une perpétuelle aversion pour tout ce qui respire la présomption et la vanité, nous l'at-

---

sont *limités*, et son *action* ne *prévient* point celle des deux forces dont nous venons de parler.

taquons toujours avec toutes nos forces réunies, et tâchons de le ruiner à jamais.

Commentaire du second chapitre.

(a) O N parle beaucoup, soit dans les conversations, soit dans les livres, d'un certain arbre qui se trouve dans une des îles Tercères, etc. Je lisois, il y a quelque temps, la relation d'un navigateur anglois (Robert Lade), qui fit de vains efforts pour voir de près cet arbre merveilleux. Il se trouva sur le lieu des gardes fort repoussans qui l'empêchèrent toujours d'approcher, et qui parois soient postés là, moins pour empêcher de dérober l'eau, que pour cacher la source d'où on la tiroit. Cependant il convient qu'il vit au-dessus de l'arbre en question le petit nuage dont il avoit entendu parler, et qui, disoit-on, fournissoit l'eau qu'on tiroit de cet arbre. D'après cette relation, le fait semble un peu moins douteux : mais voici une observation que j'ai faite moi-même. Au commencement d'avril 1793, en faisant route un matin, à quelques lieues d'Aix en Provence, je fus tout-à-coup enveloppé d'un brouillard si épais, que je n'aurois pu distinguer un homme à vingt pas; une demi-heure après, ce brouillard se leva. Sur ma gauche étoit un ravin très profond, au-delà duquel étoit un bois assez grand. J'observai que le brouillard, qui se dissipoit par-tout ailleurs, s'attachoit à certains arbres et y restoit fixé pendant quelques minutes; à peu près comme j'ai vu les nuages s'attacher au sommet, ou plutôt à certaines parties de plusieurs montagnes très élevées (comme celles de *l'île de Terre-Neuve*, du *royaume de Grenade en Espagne*, du *cap de Bonne-Espérance*, de *l'île de Java*, des *Alpes septentrionales et méridionales*; enfin, sur ce *morne* au pied duquel est située la ville *du Cap-Français à St. Domingue*). Malheureusement le ravin ne me permit pas d'approcher assez de ces arbres, pour pouvoir en distinguer l'espèce ; mais ils me parurent plus élevés que ceux auxquels le brouillard ne s'attachoit point ; ensorte qu'il reste à savoir si la véritable cause de ce phénomène est la nature particulière de ces arbres, ou simplement leur élévation. On pourroit croire que ces nuages, après s'être abattus presque jusqu'à terre, venant à rencontrer des touffes d'arbres fort élevés, leur mouvement, qui est alors fort ralenti, paroît de loin tout-à-fait arrêté. Mais, comme je les ai vu s'attacher de même à certaines parties de plusieurs montagnes, ou totalement dépouillées de végétaux, ou couvertes de végétaux fort bas, il semble qu'il y ait ici un peu d'attraction dépendante de la nature du sol, plutôt que de celle des végétaux ou de leur élévation.

(*b*) *Il ne faut pas non plus négliger ces corrélations qui existent entre les mouvemens ou affections de la lune, et celles des corps inférieurs* *. Cette influence de la lune sur l'état de l'atmosphère, sur les animaux et sur les végétaux, est fort exagérée par ceux qui sont le plus à portée de l'observer, tels que les marins et les cultivateurs; mais fort contestée par quelques savans médecins, qui se contentent de raisonner sur ce sujet, ou qui prennent leurs tranchantes négations pour des raisonnemens, quoique cette influence ait été reconnue par *Hippocrate*, *Galien*, *Mead*, *Hoffmann*, et quelques autres dont un seul vaut cent de ces *négatifs*. Il n'est au fond qu'un seul moyen pour bien décider cette question ; ce sont des observations directes, multipliées, variées, suivies et comparées. Cependant, comme il faut, pour tourner les yeux de ce côté-là, avoir une raison suffisante, c'est-à-dire, une forte probabilité de ne pas perdre le fruit de son travail, peut-être la

---

* Cette note est une de celles qui ne sont que les développemens d'autant de notes du premier ouvrage, où nous étions tout à la fois obligés de semer quelques raisonnemens pour empêcher qu'on ne se prévînt contre l'auteur, et d'être fort précis.

trouvera-t-on dans le raisonnement suivant que nous n'avons fait qu'ébaucher dans une note de l'ouvrage précédent.

L'action de la lune sur les eaux de l'océan est désormais assez bien prouvée, sur-tout pour ceux qui, comme nous, ont été à portée d'observer par eux-mêmes la correspondance perpétuelle et assez exacte du cours de cet astre avec les marées. Actuellement, je demande s'il est probable qu'une planète si voisine de la nôtre, et qui agit d'une manière si marquée sur un fluide au moins huit cents fois plus dense et plus pesant que l'air, n'ait aucune action sur ce dernier fluide, que sa légèreté et sa mobilité semblent devoir rendre, sinon *à un plus haut degré*, du moins *plus promptement* *

---

* Je dis *plus promptement*, et non *plus*, parce que la quantité de ce mouvement communiqué n'est rien moins que proportionnelle à la promptitude de cette communication ; car, si, d'un côté, un fluide plus ténu, en cédant plus aisément, est plus facile à mouvoir ; de l'autre, comme il a moins de masse, de force d'inertie, de faculté de résister, il donne moins de prise à l'agent ; celui-ci emploie une moindre portion de sa force pour le déplacer ; et, par conséquent, il lui donne une moindre quantité de mouvement. Cette distinction doit être appliquée à cette partie de la physico-morale qui traite des degrés respectifs de sensibilité des deux sexes : on dit ordinairement que *le sexe féminin est plus sensible que le nôtre* ; mais, au lieu de dire *plus*, il faudroit dire *plu-*

susceptible de telles impressions? non sans doute. *Toaldo*, le père *Cotte*, et quelques autres météorologistes ont prouvé, par des observations directes et assez multipliées, la réalité de cette action. Cela posé, on n'exigera pas que nous prouvions qu'une cause capable de modifier un fluide qui nous enveloppe, qui nous pénètre, que nous aspirons sans cesse, non-seulement par la poitrine, mais probablement aussi par tous les pores, ou du moins par certains pores (appellés *inhalans*); que cette cause, dis-je, doit avoir une action très sensible sur nos corps et sur une infinité d'autres, par la même raison.

Résumons. La lune agit sur l'océan, à plus forte raison sur l'atmosphère qui agit sur le corps humain. Donc la lune agit aussi sur le corps humain. Or, ce que nous disons des hommes, il faut le dire aussi des autres animaux et des végétaux, toujours par la même raison, parce que tout cela vit d'air en partie *. Non-seulement cette influence de la

---

tôt, ou *plus promptement*. La sensibilité est, toutes choses égales, proportionnelle à *l'éréthisme*. Or, dans le sexe masculin, l'éréthisme est plus grand. Cette distinction du *plus* ou *plutôt* est très importante; et faute de l'avoir faite, le grand Newton lui-même s'est mépris dans un point de *dioptrique*, comme nous l'avons fait voir dans une des notes précédentes : que sera-ce de nous ?

* Tous les animaux et tous les végétaux *mangent de l'air*; mais ils n'en vivent pas uniquement, par la raison

lune sur les planètes et les animaux n'a rien en soi de merveilleux ; mais il est honteux d'en être étonné, lorsque la probabilité de cette action n'est que la conséquence immédiate d'un raisonnement si simple. Reste donc à la mieux prouver par l'observation directe. Il faudroit, en observant, durant plusieurs années, les variations du baromètre, comparer ses hauteurs aux différentes époques du cours de la lune; c'est-à-dire, voir si les plus grandes ou les moindres hauteurs répondent à la nouvelle ou à la pleine lune, à son premier ou dernier quartier, à son périgée ou à son apogée, à l'un ou à l'autre de ses nœuds, à sa plus grande ou à sa moindre élévation sur l'horizon, etc. ou enfin à des points intermédiaires et situés entre ces extrêmes; mais sur-tout s'assurer si ces *maximum* ou *minimum* de hauteur du baromètre répondent aux combinaisons de deux, de trois ou d'un plus grand nombre de ces *points lunaires,* ou situations de la lune. Or, ce travail si important, Toaldo, météorologiste de Padoue, l'a commencé; reste donc à le *continuer,* au lieu de disputer.

(c) *Ainsi que dans les mouvemens communiqués et renforcés par des roues.* Il n'est pas vrai que le mouvement se fortifie ou se renforce en pas-

---

que, pour faire du feu, un soufflet ne suffit pas, et qu'il faut aussi du bois.

sant d'une roue à une autre roue. Car cette expression, *mouvement fort*, ou ce mot *force*, comprend deux idées; savoir : celle de la quantité de l'effet, et celle du temps employé à le produire; puisque cet effet, demeurant le même, une puissance est jugée d'autant plus grande, que le temps pendant lequel elle le produit, est plus court. Or, si, à l'aide d'une seule roue, ou d'une combinaison de plusieurs roues, grandes ou petites, vous pouvez élever un poids cent fois plus grand que vous ne le pourriez faire à l'aide de vos seules mains, ce ne sera qu'à condition que vous y emploierez cent fois plus de temps : c'est un principe qu'il ne faut jamais oublier; il est l'ame de toute la méchanique. Nous pouvons dire plus : cette force, qui, selon notre auteur, est augmentée, se trouve réellement diminuée par deux espèces de résistances; savoir : celle qui naît du frottement des parties de la machine les unes contre les autres, ou contre les corps qui la supportent, et celle que leur oppose le fluide où elles se meuvent. *Nulle machine n'augmente la force qu'on y applique; elle ne peut qu'aider à l'appliquer plus commodément, ou à y appliquer une plus grande force.* Cette observation s'applique peut-être aussi aux effets de la poudre à canon, du feu en général, des poisons, des fermentations, etc. Il se peut que cette petite quantité d'action par laquelle le mouvement commence, et que nous regardons comme la *cause efficiente* de ce mouvement toujours croissant, n'en soit point une, mais seulement une *cause occasionnelle* qui débande un ressort, lequel faisant aussi l'office de cause occasionnelle, en débande un plus fort qui, jouant le même rôle que les deux premiers, en débande aussi un plus fort que lui, et ainsi de suite à l'infini ; ce qui n'exigeroit, pour commencer le mouvement, qu'une force beaucoup moindre que celle du plus foible de ces ressorts. L'homme, avec ses forces propres, ne peut presque rien ; mais en appliquant à propos les puissances mêmes de la nature, il peut presque tout.

(*d*) *Et qui auroit de si grands effets, qu'on pourroit exécuter en un moment ce que la nature ne fait que par de longs détours et à force de temps.* S'il est vrai que la texture actuelle, ou, pour parler plus généralement, l'état actuel de tous les corps spécifiques que nous connoissons, dépende, en grande partie, comme l'a pensé M. de Buffon, de l'état de *fusion* où cette planète a été durant plusieurs milliers de siècles dans le soleil, et plusieurs milliers d'années hors de cet astre, comme nous n'avons point d'agent comparable à celui-là, soit pour la force, soit pour la durée, il sembleroit, au premier coup-d'œil, qu'on devroit désespérer d'être jamais en état d'opérer quelque vraie transformation. Mais il se pourroit que cette grande chaleur à laquelle ces corps ont été exposés, et que ce temps si long où ils sont demeurés en fusion, ne leur eussent pas été nécessaires pour acquérir la texture, les qualités, et, pour tout dire en un seul mot, la constitution qu'ils ont aujourd'hui; et que, l'ayant acquise après quelques jours, ou même après quelques heures, ils l'eussent conservée durant tout le reste de ce temps-là. Dès-lors, il resteroit quelque espérance à l'égard de la possibilité des transmutations. Et d'ailleurs ne vois-je pas tous les jours, le pain, la viande, l'eau, le vin, etc. dont je me nourris, se transformer en quelques heures et se convertir en ma propre substance, devenir chair, os, nerfs, membranes, cartilage, etc. sang, bile, etc. Et quelle plus grande métamorphose que celle-là ? nouvelle raison pour espérer. Je sais qu'en ce genre je suis profondément ignorant; mais je sais aussi que les *matériaux et les instrumens de la science sont autour de moi, tout près de moi, en moi, moi-même*; et voilà pourquoi je ne désespère pas d'apprendre quelque chose.

Conclusion et résumé, ou esquisse de toute la partie qui traite des prérogatives des faits ou exemples.

LII.

Nous terminerons ici ce que nous avions à dire sur les *prérogatives des faits ou exemples*. Nous devons avertir, en finissant, que notre *Organum* n'est qu'une simple *logique*, et non un traité de *philosophie positive*. Cependant, le but de cette logique étant de diriger l'entendement, et de lui apprendre, non à s'accrocher, pour ainsi dire, à de vaines *abstractions* et à poursuivre des chimères, comme la *logique vulgaire*, mais à saisir la nature et à l'analyser, à découvrir les *vraies propriétés* des corps, leurs *actions réelles* et bien déterminées dans la *matière*, en un mot, à acquérir une science qui ne découle pas seulement de la *nature de l'esprit*, mais aussi de la *nature* même *des choses;* on ne doit pas être étonné de voir cet ouvrage semé et enrichi d'observations, d'expériences et de vues qui appartiennent à la science de la nature, et qui, en éclaircissant nos préceptes, sont comme autant de modèles de notre marche philosophique. Or, ces prérogatives des faits ou exemples, comme on l'a vu, sont comprises sous *vingt-sept noms*; savoir : les exemples *solitaires*, les exemples de *migration*, les exemples *ostensifs*, *clandestins*, *constitutifs*, *conformes*, *monadiques*, les exemples de *déviation*, de *limite*, de *puissance*, d'*accompagnement* ou d'*exclusion*, les exemples *subjonctifs*, les exemples d'*alliance*, les exemples *de la croix*, de *divorce*, de *la porte*, de *citation*, de *route* ou *de passage*, de *supplément*, de *dissection*, de *radiation*, de *cours*, les *doses de la nature*, les exemples de *lutte* ou de *prédominance*, les exemples d'*indication*, les exemples *polychrestes*, enfin, les exemples *magiques*. Or, voici en quoi consiste l'utilité de ces exemples, et leur avantage sur les exemples ordinaires.

En général, ils ont pour objet, ou la

partie *imformative* (la *théorie*), ou la partie *opérative* (la *pratique*).

Et quant à la partie *informative*, ils prêtent secours ou aux *sens*, ou à l'entendement : aux *sens*, comme les cinq classes d'exemples de la *lampe* : à l'entendement, ou en accélérant l'exclusive de la forme, comme les *solitaires*; ou en resserrant dans un plus petit espace et indiquant de plus près l'affirmative de la forme, comme les exemples de *migration*, les exemples *ostensifs* et ceux d'*accompagnement* ou d'*exclusion*, joints aux exemples *subjonctifs*; ou en élevant l'entendement et le conduisant aux *genres*, aux *natures communes*, soit *immédiatement*, comme les exemples *clandestins*, *monadiques* et d'*alliance*; soit par l'indication des classes *immédiatement inférieures*, comme les exemples *constitutifs*; soit enfin par l'indication des espèces du dernier ordre, comme les exemples *conformes*; ou en rectifiant l'entendement et le dégageant des entraves de l'habitude, comme les exemples *dévians*, ou en le conduisant à la *grande forme;* c'est-à-dire, à la connoissance de la constitution et de la structure de l'univers, comme les exemples *limitrophes;* ou, enfin, en le mettant en garde contre les fausses formes et les causes imaginaires, comme les exemples de *la croix* et de *divorce.*

Quant aux exemples qui se rapportent à la partie *opérative,* leur avantage est de mettre sur la voie de la pratique, ou de déterminer les mesures, ou de faciliter l'exécution. Ils mettent sur la voie de la pratique, soit en montrant par où il faut commencer, et empêchant d'entreprendre ce qui a déja été exécuté, comme les exemples de *puissance;* soit en indiquant ce à quoi l'on peut aspirer, eu égard aux moyens dont on dispose, comme les exemples *indicatifs.* Ils déterminent les *mesures,* comme ces quatre classes d'exemples que nous avons qualifiées de *mathématiques.* Enfin, ils facilitent l'exécution, comme les exemples *polychrestes* et *magiques.*

De plus, parmi ces vingt-sept classes d'exemples, il en est dont il faut se pourvoir et faire une collection dès le commencement, sans attendre qu'on en soit à la recherche spéciale de la forme de telle ou telle nature. De ce genre sont les exemples *monadiques*, de *conformité*, de *déviation*, *limitrophes*, de *puissance*, de *la porte*, *indicatifs*, *polychrestes* et *magiques*. Car les exemples de cette nature appuient, dirigent ou rectifient les sens et l'entendement; ou, en général, facilitent l'exécution en enrichissant la pratique de nouveaux moyens et de nouveaux procédés. Quant aux autres espèces d'exemples, il sera temps de les rassembler lorsque nous dresserons des tables de *comparution*, pour appliquer la méthode d'interprétation à telle nature particulière dont nous chercherons la forme ou cause essentielle. Les exemples doués et, pour ainsi dire, décorés de ces prérogatives, étant combinés avec les exemples vulgaires, en sont, pour ainsi dire, l'ame; et, comme nous l'avons dit en commençant, un petit nombre de ces exemples choisis tient lieu d'une multitude d'exemples pris au hazard. Ainsi, lorsqu'il sera question de la composition des tables, on n'épargnera aucun soin pour multiplier ces exemples, et les ranger avec ordre dans ces tables. Il faudra aussi leur donner place dans les ouvrages suivans, où ils ne seront pas moins nécessaires. Ainsi, nous devions faire marcher devant, le traité dont ces exemples font le sujet (1).

---

(1) Nous avons cru devoir retrancher la fin de cet épilogue, où nous n'avons trouvé que l'annonce de certains ouvrages non exécutés, et déja annoncés dans sa préface, avec une espèce *d'oremus* que le lecteur nous saura gré sans doute de lui avoir épargné, et dont le but, selon toute apparence, étoit d'engager les prêtres à lui pardonner son génie. La meilleure prière qu'on puisse faire, en finissant un ouvrage, c'est de travailler à en donner un meilleur. C'est celle que nous ferons, ou tâcherons de faire bientôt.

SUPPLÉMENT.

Les quatre premières notes se rapportent aux aphorismes XI, XII, XX, XXII et XXXVI de la seconde partie.

A RÈGLE *pour démêler, parmi plusieurs causes (qui, à la première vue, paroissent capables de produire un effet proposé à expliquer, ou d'y concourir), l'effet propre de chaque cause.* Étant donné un effet qui peut être attribué à plusieurs causes combinées dans un sujet, ou simplement dans notre esprit, et dont chacune a pour elle quelque probabilité, pour démêler *l'effet propre de chaque cause,* et savoir si elle est *inutile* ou *nécessaire, concourante* ou *suffisante, moyen* ou *obstacle,* il faut *ou ôter cette cause, en laissant toutes les autres;* ou *l'isoler,* c'est-à-dire, *la laisser en ôtant les autres;* ou *l'augmenter et la diminuer, les autres causes restant au même degré ;* ou *augmenter et diminuer les autres causes, cette cause restant au même degré ;* puis voir si l'effet disparoît, diminue, reste le même ou augmente : nous allons dénombrer ces différens cas.

I. *La cause en question étant seule ôtée.*

1°. Si *l'effet disparoît entièrement,* cette cause

est ou *suffisante*, ou seulement *nécessaire et concourante*.

2°. Si *l'effet diminue* seulement, elle est seulement *cause concourante*.

3°. Si *l'effet* reste *le même*, elle n'est ni *obstacle ni moyen*, et n'a aucune influence.

4°. Si *l'effet augmente*, elle est *obstacle*.

II. *Les autres causes étant ôtées, et la cause en question restant seule.*

1°. Si *l'effet disparoît* tout-à-fait, cette cause *n'est point suffisante*, et elle n'est que *concourante*; ou elle est *obstacle*.

2°. Si *l'effet diminue* seulement, elle n'est que *concourante*.

3°. Si *l'effet* reste *le même*, les autres causes n'ont aucune influence ; et *la cause* en question est *suffisante*.

4°. Si *l'effet augmente*, *la cause* en question est encore *suffisante*, et les *causes* ôtées étoient *obstacles*.

III. *La cause en question étant augmentée, et les autres causes restant au même degré.*

1°. Si *l'effet disparoît entièrement, la cause* en question est *obstacle*.

2°. Si *l'effet diminue*, elle est encore *obstacle*.

3°. Si *l'effet* reste *le même*, elle n'est ni *moyen* ni *obstacle*.

4°. Si *l'effet augmente*, elle est au moins *concourante*.

IV. *La cause en question étant diminuée, et les autres restant au même degré.*

1°. Si *l'effet disparoît entièrement*, elle est au moins *concourante*, et il *se peut* qu'elle soit *suffisante*.

2°. Si *l'effet diminue* seulement, elle est encore *nécessaire*, et au moins *concourante*.

3°. Si *l'effet* reste *le même*, elle n'est ni *moyen* ni *obstacle*.

4°. Si *l'effet augmente*, elle est *obstacle*.

V. *La cause en question restant au même degré, et les autres causes étant augmentées.*

1°. Si *l'effet disparoît entièrement*, la cause en question est *nécessaire* et *suffisante*, et les *autres* sont *obstacles*.

2°. Si *l'effet diminue*, la *cause* en question est encore *nécessaire* et *suffisante*, et les autres *causes* sont *obstacles*.

3°. Si *l'effet* reste *le même*, cette *cause* est *nécessaire et suffisante*; elle fait tout, et les autres ne font rien.

4°. Si *l'effet augmente*, la *cause* en question

n'est que *concourante*, ou n'a *aucune influence*.

VI. *La cause en question restant au même degré, et les autres causes étant diminuées.*

1°. Si *l'effet disparoît entièrement*, la *cause en question n'a aucune influence*, ou n'est que *concourante*.

2°. Si *l'effet diminue, cette cause* est encore *sans influence*, ou n'est que *concourante*.

3°. Si *l'effet* reste *le même*, la cause en question est *nécessaire et suffisante, et les autres n'ont aucune influence*.

4°. Si *l'effet augmente, la cause* en question est encore *nécessaire et suffisante*, et *les autres* sont *obstacles*.

N. B. 1°. Une conclusion qui n'auroit pour base qu'une seule des quatre espèces d'observations ou d'expériences dénombrées, ne seroit que *probable*; elle ne seroit *pas rigoureuse*, parce qu'il se pourroit qu'il y eût dans le sujet quelque autre cause non apperçue qui eût autant ou plus d'influence que les causes considérées. Mais si cette conclusion est appuyée sur deux ou trois espèces d'observations ou d'expériences, elle devient évidente, nécessaire et incontestable.

2°. Il faut préférer, dans ces recherches, ces apparitions et disparutions, rapides et soudaines, de causes et d'effets, que l'auteur a indiquées dans l'aphorisme XXIII de la seconde partie.

3°. Il faut faire ces observations sur différens sujets considérés dans le même temps, ou sur le même sujet considéré en différens temps, soit dans des sujets donnés par la nature ou par les autres hommes, soit dans des sujets préparés à dessein, selon que les circonstances l'exigent ou le permettent; c'est-à-dire, que les mêmes règles ont lieu, soit qu'on ôte ou remette, augmente ou diminue soi-même les causes combinées, soit qu'on observe ces apparitions ou disparutions, augmentations ou diminutions, de causes et leurs effets respectifs, dans des sujets offerts par la nature ou par les autres hommes.

4°. Cette méthode que nous indiquons pour la recherche des causes, les effets étant donnés, s'applique également à la recherche des effets, les causes étant données.

5°. Et ce que nous disons des relations de cause à effet, dans la théorie, il faut l'appliquer, dans la pratique, aux relations de but à moyen.

6°. Enfin, il faut l'appliquer aussi aux relations de signe à chose signifiée, aux traductions, aux déchiffremens, etc.

7°. Comme l'exposé de cette règle est composé d'un fort petit nombre de termes souvent répétés, on peut simplifier l'expression en représentant ces mots par des signes composés chacun d'un seul caractère, et former ainsi, pour la recherche des causes, une espèce d'*algèbre de qualité*, ou d'espèce répondant à l'*algèbre de quantité*; et alors tout cet exposé se réduiroit à quatre ou cinq lignes.

8°. Pour s'assurer de l'utilité de cette règle à 24 parties, il suffit de fixer son attention sur ce raisonnement fort simple. Le véritable but d'une *philosophie active* est la découverte des *moyens*; et ce qui est *moyen* dans la *pratique*, est *cause* dans la *théorie*. Or, le véritable *obstacle* à la *découverte des causes* est leur *complication*. Ainsi l'art de les démêler est de première utilité.

9°. Le but du chancelier Bacon, dans son *Novum Organum*, est extrêmement élevé; car il n'aspire pas à moins qu'à produire de nouvelles espèces de corps, et à transformer les espèces déjà existantes. Or, suivant un de ses propres préceptes, lorsqu'on vise à un but fort élevé, il faut procéder de manière que, si on vient à le manquer, on puisse du moins atteindre à un but moins élevé, et qui ait encore quelque utilité. Mais l'extrême rigueur de sa grande méthode fait manquer ces buts secondaires. Supposons, par exemple, que le concours de trois causes A, B, C, soit *nécessaire et suffisant* pour produire l'effet D; si, à l'aide de trois espèces de faits, je découvre successivement ces trois causes, je découvrirai, par cela même, la cause *suffisante* de cet effet ; et si ces causes sont en ma disposition, je serai maître de le produire : mais, si je m'étois astreint à sa méthode, qui n'admet dans les tables que des faits où se trouve *la raison tout à la fois nécessaire et suffisante* de l'effet à expliquer, j'aurois été obligé d'exclure de ses tables ces trois causes successivement, et je me serois, par cela même, privé de la connoissance d'une cause composée et capable de produire l'effet en question. De même, supposons que je découvre la *cause suffisante* d'une *maladie*, j'aurai découvert, par cela seul, son *remède*, qui n'est autre que *le contraire de cette cause* ; mais, cette cause n'étant que *suffisante*, sans être *nécessaire*, sa méthode veut que j'exclue des tables les faits qui la montrent ; elle me prive donc, en quelque manière, de la connoissance de ce remède, ou du moins de l'attention nécessaire pour profiter de cette connoissance. Ainsi, une règle tendante à nous mettre en état de profiter des débris de ces tables qui embrassent un plus grand objet, peut être utile. Or, tel est le but de celle-ci ; et elle est d'autant plus utile, que la méthode même de Bacon s'y trouve comprise ; qu'elle est le *tout* dont la sienne n'est qu'une *partie*.

10°. Cette règle, y compris la méthode de l'auteur et la *règle universelle* que nous avons donnée dans une des notes précédentes, sont ce qu'il y a de plus essentiel dans cette partie de la logique, qui a pour objet la recherche des causes.

B. *Véritable esprit de toutes ces méthodes.* Pour découvrir ou vérifier les causes réelles d'un effet proposé à expliquer, à prédire ou à produire, il faut l'étudier, l'analyser dans toute la diversité des circonstances où il peut avoir lieu. Car, lorsqu'il s'agit de découvrir la véritable cause d'un effet proposé, un petit nombre de faits ne prouve rien; parce que, dans ce petit nombre de faits, l'on apperçoit presque toujours d'autres causes qu'on est d'abord disposé à regarder ou comme suffisantes pour produire l'effet en question, ou comme pouvant du moins y concourir. Mais, quand on voit, dans un grand nombre de faits ou de circonstances très diversifiées, l'effet venant toujours à la suite de la cause présumée, il n'y a plus d'équivoque. Car, à mesure que l'on passe d'un fait à l'autre, les causes apparentes qui se trouvoient dans les premiers, ne se trouvant pas dans les faits ultérieurs, et la véritable se trouvant dans tous, on a droit d'exclure successivement les différentes causes ou circonstances qui ont paru d'abord dans les premiers faits concourir avec elle, et de la regarder enfin comme *la vraie, l'unique cause* de l'effet proposé. Ainsi, pour vérifier une cause, il faut l'étudier dans un grand nombre de faits, en multipliant, variant et comparant, autant qu'il est possible, toutes les observations et toutes les expériences.

C. *Du dilemme.* Cette note et la suivante se rapportent à tous les aphorismes où il est question de causes combinées, et principalement aux *exemples de la croix*, aphorisme XXXVI. Le *dilemme* est un syllogisme dont le sujet ou l'attribut étant composé, on divise l'un ou l'autre, ou tous les deux, en leurs parties essentielles, et où, après avoir prouvé successivement que l'attribut de la question convient ou ne convient pas à chaque partie du sujet, on conclut que cet attribut convient ou ne convient pas à la totalité de ce sujet : ou bien dans lequel, après avoir divisé l'attribut en ses parties essentielles, et prouvé successivement que chacune de ces parties convient ou ne convient pas à ce sujet, on en conclut que la totalité de cet attribut convient ou ne convient pas à ce sujet.

Par exemple, si l'on vouloit prouver que *tous les lettrés sont injustes*, on pourroit les réduire à deux classes; savoir : *à ceux qui réussissent* et à *ceux qui ne réussissent pas*; et après avoir prouvé que ceux qui réussissent abusent de leurs succès, en prenant tous leurs avantages sur ceux qui ne réussissent pas, et en les tyrannisant ou les livrant au mépris général, et que ceux qui échouent, s'en prennent à ceux qui réussissent; l'on concluroit absolument que *tous les lettrés sont injustes.* Ici c'est le *sujet* qui a été *divisé.*

De même, voulant prouver que tel individu est injuste, on feroit voir qu'il l'est avec tous les hommes, soit qu'ils aient avec lui une conduite juste ou injuste; qu'il se venge du mal qu'on lui a fait, ou qu'il croit qu'on veut lui faire, et abuse des services qu'on lui rend; et l'on concluroit du tout qu'il est injuste absolument, c'est-à-dire, de toutes les manières. Dans ce raisonnement, c'est l'*attribut* de la question qui a été *divisé*.

Le dilemme de la première espèce n'est au fond qu'un *syllogisme renversé*, qu'une *induction méthodique*. Car, de ce qu'un attribut convient à un certain genre, et de ce que le sujet de la question est une espèce de ce genre, le syllogisme conclut que cet attribut convient à ce sujet. Au contraire, de ce qu'un attribut convient à toutes les espèces d'un genre, le dilemme conclut que cet attribut convient à tout ce genre. Ensorte que *le syllogisme concluant du genre aux espèces, et le dilemme, des espèces au genre*, chacune de ces deux formes n'est que l'inverse de l'autre.

Il suit encore de cette analyse que le dilemme n'est qu'une combinaison de plusieurs syllogismes simples. Car, après avoir divisé le sujet ou l'attribut de la question, on pourroit faire autant de syllogismes que ces deux termes ont de parties; prouver successivement, par ces syllogismes, que chaque partie de l'attribut convient ou ne convient pas au sujet, ou que l'attribut convient ou ne convient pas à chaque partie du sujet, et exprimer toutes ces conclusions successives. Mais, pour abréger, l'on emploie le dilemme, à l'aide duquel, après avoir prouvé successivement toutes les assertions partielles, on réunit toutes les conséquences particulières en une seule; ce qui épargne autant de propositions, moins une, que la division a de membres.

Il suit aussi de cette définition et de cette analyse, qu'un dilemme ne peut être exact, à moins que toutes les parties du sujet ou de l'attribut n'aient été dénombrées avec tant d'exactitude, qu'on n'en ait omise aucune. Cette exactitude, on n'en peut être assuré qu'autant que toutes les parties essentielles des termes à diviser sont tellement connues et visibles, qu'on peut être certain de n'en avoir oublié aucune. Et elle n'est possible que lorsque ces parties ne sont pas en assez grand nombre pour qu'on ne puisse en faire la complette énumération. Or, la plupart des sujets et des attributs sont très composés; l'on est rarement certain d'y avoir vu tout ce qu'il faut, et même tout ce qu'on peut y voir; et quand même on y auroit tout vu, on seroit rarement certain de se rappeller complettement ce tout.

Il y a donc peu de bons dilemmes; et la plupart des raisonnemens de cette espèce sont des sophismes dont on se paie volontiers, parce qu'ils sont précis, tranchans et expéditifs. La forme la plus commune de cette sorte de sophismes consiste à dénombrer seulement les avantages d'un moyen, d'un système, d'un plan proposé, sans parler de ses inconvéniens; ou ses inconvéniens, sans parler de ses avantages. Aussi est-il aisé de les rétorquer, en dénombrant les effets contraires à ceux dont l'adversaire a fait l'énumération, et ne disant rien de ces derniers. Voici un exemple d'un dilemme direct et de la rétorsion :

Si une monarchie fait toujours de mauvais élèves, les élèves d'une monarchie n'ont donc jamais d'aptitude pour la république; et si les élèves d'une monarchie peuvent avoir de l'aptitude pour la république, il n'est donc pas vrai que la monarchie fasse toujours de mauvais élèves. Ainsi, dans les deux cas, il faut les laisser vivre sous la monarchie. On peut répondre : *s'ils reçoivent une mauvaise éducation sous la monarchie, il faut les mettre en république pour les élever mieux; et si la monarchie les a bien élevés pour la république, il faut les faire vivre sous ce gouvernement pour lequel la monarchie les a si bien élevés. Ainsi, dans les deux cas, il faut les constituer en république.* L'on voit que le vice de ces deux raisonnemens dépend de deux énumérations incomplettes en sens contraires.

Cependant on peut faire des dilemmes exacts, ou, ce qui est la même chose, on peut mettre plus d'exactitude dans l'énumération des parties essentielles du sujet de la question ou de son attribut, en divisant toujours l'un et l'autre en deux parties contradictoires ; c'est-à-dire, en deux modes, l'un positif, l'autre négatif ; par exemple, de cette manière : *les lettrés, soit quand ils réussissent, soit quand ils ne réussissent pas* ; ou en deux classes opposées, c'est-à-dire, telles qu'on puisse nier de l'une le mode qu'on affirme de l'autre : *les lettrés qui réussissent, ou ceux qui ne réussissent pas* ; ou en ces trois classes : *ceux qui réussissent toujours, ceux qui ne réussissent jamais, et ceux qui ont tantôt des succès, tantôt des disgraces*; ou en trois degrés, savoir : le *maximum*, le *medium* et le *minimum*, soit de la qualité, simple ou composée, qui caractérise le sujet de la question, soit de celle qu'on en affirme ; ou enfin, ce qui vaut encore mieux, en rendant toujours les expressions comparatives : *ceux qui réussissent plus souvent qu'ils n'échouent, et ceux qui échouent plus souvent qu'ils ne réussissent* ; ou en rapportant les degrés de toutes les progressions à quelque degré fixe et connu, déterminé par des instrumens comparables ; ou à quelque sujet (individu ou société) très connu. Par exemple, pour faire un dilemme exact sur *les corps chauds,* on peut, en rapportant le mode caractéristique du sujet à ce degré fixe, et en usant d'une expression comparative, diviser ainsi : *les corps dont le degré de chaleur est plus souvent au-dessus du degré moyen qu'au-dessous, et ceux dont le degré de chaleur est plus souvent au-dessous de ce terme fixe qu'au-dessus.* Pour abréger, on appelleroit *chauds actuellement* tous les corps dont le degré de chaleur seroit actuellement au-dessus de ce terme fixe, et *froids actuellement* ceux dont le degré actuel de chaleur seroit au-dessous; et il en seroit de même du *degré habituel :* on appelleroit simplement *chauds* ceux dont le degré habituel seroit au-dessus du terme fixe, et simplement *froids* ceux dont le degré habituel seroit au-dessous. Car le degré moyen, précis, et l'égalité, n'ont jamais, ou presque jamais lieu; et l'on peut, sans erreur sensible, les regarder comme n'ayant aucune réalité; ce ne sont que des limites purement idéales, les degrés des modes des êtres réels, étant toujours d'un côté ou de l'autre de ce terme fixe, et toujours inégaux.

N. B. Que cette manière de diviser mettroit en état de répondre à cette question qu'on pourroit faire au chancelier Bacon, qu'il ne se fait point, et à laquelle par conséquent il ne fait aucune réponse : *quel est le degré de chaleur des corps que,* dans vos trois tables de comparution ou d'invention, vous qualifiez de *chauds*, et le degré de ceux que vous qualifiez de *froids* ? On répondroit aujourd'hui : j'appelle *chauds* ceux dont le degré de chaleur, actuel ou habituel, est au-dessus du dixième degré (échelle de Réaumur); et *froids*, ceux dont le degré, actuel ou habituel, est au-dessous de ce terme fixe; et il en seroit de même de tous les autres modes. Car, pour le dire en passant, les idées de notre philosophe sont un peu vagues; mais ce vague n'est plus un inconvénient, puisque nous venons de l'ôter.

IV. *Disjonctif*. Un *raisonnement disjonctif* est un syllogisme dont la *majeure* est *disjonctive*; c'est-à-dire, est une proposition dont l'attribut est divisé en deux parties, telles que, l'une ou l'autre ayant lieu nécessairement, si l'on ôte l'une, l'autre s'ensuit évidemment; ou en deux parties telles qu'elles ne peuvent avoir lieu toutes deux ensemble, et que, l'une étant supposée, l'autre est évidemment exclue.

Ainsi, le *disjonctif* peut avoir *deux formes* ou *deux modes*, et par conséquent *deux usages* différens; modes qui ne laissent pas d'avoir ceci de commun, qu'une personne ayant à opter entre deux opinions ou deux résolutions incompatibles, on la force à faire un choix, en lui montrant cette nécessité. Elles diffèrent, en ce que, dans la première, de deux sentimens, ou partis proposés, l'un ou l'autre devant nécessairement être choisi, dès qu'on rejette l'un, on est forcé d'adopter l'autre; au lieu que, dans la seconde forme, les deux opinions ou résolutions ne pouvant être réunies, dès qu'on adopte l'une, on est forcé de rejeter l'autre.

La première forme sert à déterminer les gens incertains ou irrésolus qui, ayant à opter entre deux opinions ou deux résolutions, ne peuvent se résoudre à prendre l'une ou l'autre, et voudroient les rejeter toutes deux à la fois. La seconde, à réprimer ces gens qui veulent réunir deux sentimens ou deux partis incompatibles; elle les force à rejeter l'un en adoptant l'autre, et à se contenter de ce qu'elles peuvent saisir.

A chaque instant nous avons occasion de faire de ces raisonnemens. Il est une infinité de biens, par exemple, de vertus et de talens, d'amis, de places, de succès, d'avantages, qu'il seroit doux de pouvoir réunir, mais qui, à certains degrés, sont incompatibles dans un même sujet et dans un même temps, parce que ces vertus ou ces talens exigent dans le sujet des dispositions contraires qui, dans leur plus haut degré, s'excluent réciproquement, du moins dans un même temps. Il est aussi beaucoup de situations où l'on est forcé d'opter entre deux maux ou deux inconvéniens opposés; on voudroit bien les éviter tous deux à la fois, quoique cela soit impossible, et alors il est clair qu'il faut se résoudre à accepter le moindre, pour se délivrer du plus grand. Ainsi, la première de ces deux formes regarde nos *craintes*; et la seconde, nos *désirs*; et toutes deux, la vie entière. Car il n'est point d'individu qui ne veuille à chaque instant réunir deux avantages incompatibles, ou fuir en même temps deux genres opposés d'inconvéniens qui se relaient perpétuellement pour nous tourmenter, et dont l'un, en fuyant, appelle l'autre. Et la vie entière n'est qu'un perpétuel combat entre deux désirs, entre deux craintes ou entre une crainte et un désir.

On attaque la première forme, 1°. en faisant voir qu'on n'est pas absolument réduit à opter entre les deux opinions ou les deux résolutions proposées, et qu'il y a un sentiment ou un parti moyen; 2°. en faisant voir que l'adversaire a eu tort d'exclure celle qu'il a exclue.

On attaque aussi la seconde forme de deux manières : 1°. en faisant voir que les deux sentimens ou les deux partis peuvent être réunis; 2°. que l'adversaire a eu tort de supposer que tel des deux a été ou doit être choisi.

Au fond, on peut toujours faire rentrer l'une dans l'autre ces deux formes, sur-tout dans les questions de morale et de politique; car être forcé d'opter entre deux avantages, ou de renoncer à l'un en se procurant l'autre, et être forcé d'opter entre les deux inconvéniens opposés à ces deux avantages, ou d'accepter l'un de ces deux inconvéniens, en se délivrant de l'autre, c'est précisément la même chose. Et dans les questions de physique, opter entre deux causes, et rejeter l'une en admettant l'autre, c'est aussi la même chose qu'opter entre les deux causes contraires à ces deux premières, et supposer l'une après avoir exclus l'autre.

Ces deux formes de raisonnemens donnent aussi lieu à beaucoup de sophismes, qui ont la même source que les dilemmes vicieux; savoir : les *énumérations incomplettes*. On est souvent trompé par l'apparente opposition de deux opinions ou de deux résolutions entre lesquelles il y a un milieu qu'on n'apperçoit pas d'abord, l'opposition n'étant que dans l'*expression*, et non dans les *choses*.

1°. Les opposés en question ne sont quelquefois que *les deux extrêmes d'une progression*, le *minimum* et le *maximum*, le *défaut* et l'*excès*, soit d'un même mode, soit de la quantité d'une même substance; et alors il y a un milieu; savoir: le *degré moyen*, qu'on peut adopter, en rejetant les deux extrêmes; ce qui s'applique à toutes les espèces possibles de substances et de qualités, de facultés, d'actes et d'habitudes utiles; car, en tout, il y a le *trop*, le *trop peu*, et la *quantité suffisante*.

Par exemple, si quelqu'un raisonnoit ainsi : *vous avez renoncé aux richesses, sachez donc être heureux dans la pauvreté*; on pourroit lui répondre : *j'ai renoncé à la pauvreté ainsi qu'aux richesses, et je vise à la médiocrité, où je ne suis pas encore*.

2°. Il faut voir si la conclusion du raisonnement ne regarde pas *deux temps différens*. Car il est, comme nous le disions plus haut, des choses, par exemple, des facultés physiques, des talens ou des vertus opposées, qui ne peuvent être *réunies dans le même temps*, dans un même sujet, mais qui peuvent très bien *s'y réunir dans deux temps différens*.

Par exemple, si quelqu'un raisonnoit ainsi : *c'est en vain que vous voulez réunir dans vos écrits, et au plus haut degré, la force du raisonnement et la légèreté du style, la première de ces deux perfections exigeant que la fibre soit tendue; et la seconde, qu'elle soit souple et un peu relâchée : vous vous piquez de raisonner avec force; renoncez donc à cette légèreté d'expression à laquelle vous prétendez*; on pourroit répondre : *en inventant les raisonnemens, quand ma fibre sera tendue, et les expressions, quand elle sera souple, je réunirai ainsi dans mes écrits* ces deux genres de perfection que vous croyez incompatibles, parce que, voulant faire en un seul temps ce qu'il faut faire en deux temps, vous n'employez une de vos mains qu'en vous coupant l'autre.

Ainsi, pour vérifier les raisonnemens de cette espèce, il faut voir si les deux opposés entre lesquels l'adversaire propose d'opter, ne sont pas *deux degrés opposés*, c'est-à-dire, *fort inégaux*, ou *extrêmes d'une même chose* (substance ou mode), et si la conclusion regarde précisément le *même temps* que les prémisses; la plupart des prétendues *oppositions* n'étant que les *degrés extrêmes*, le *minimum* et le *maximum*, le *défaut* et l'*excès* d'une même substance ou d'un même mode; extrêmes qui, à la vérité, s'excluent réciproquement d'un même sujet dans un même temps, mais non pas en deux temps différens.

A proprement parler, on peut toujours faire des disjonctifs, car l'on ne délibère que parce qu'on est irrésolu : l'on n'est irrésolu que parce qu'on veut réunir des avantages incompatibles, ou parce qu'on veut éviter tout à la fois des inconvéniens dont on ne peut éviter les uns qu'en s'exposant aux autres; au lieu d'accepter les moindres, pour éviter les pires.

Il est vrai qu'en toute délibération sur le choix à faire entre deux résolutions, il y a toujours des deux côtés des avantages et des inconvéniens dont il n'est pas toujours facile de déterminer la vraie proportion. Les seuls qui, en toute délibération, se décident aisément, ce sont ceux qui voient promptement, de chaque côté, l'avantage et l'inconvénient propre, direct, principal et sommaire; qui savent comparer, de chaque côté aussi, l'avantage à l'inconvénient, pour avoir un reste; enfin, comparer ces deux restes.

Quant à cette *combinaison du disjonctif et du dilemme*, à laquelle notre auteur donne le nom d'*exemples de la croix*, nous avons déterminé sa nature et ses propriétés dans les notes placées sous le texte de l'aphorisme XXXVI de la seconde partie, et dans celles qui ont été renvoyées à la fin du chapitre.

Propriétés et fonctions des exemples *ostensifs* et *clandestins* (ou de *maximum* et de *minimum*), et de leur combinaison. Cette note se rapporte aux aphorismes XIII, XXIV et XXV de la seconde partie. Pour établir solidement *à posteriori*, ou par la voie de l'*induction*, une proposition générale affirmative, il n'est pas nécessaire de la prouver de *toutes les espèces du genre* qui est le sujet de cette proposition; il suffit de la prouver *des deux extrêmes* de ce genre.

Car *un genre* est un *assemblage idéal* de choses (substances ou modes), *possédant en commun la qualité*, simple ou composée, *qui constitue le genre*, mais l'ayant *à différens degrés*, et conçues comme réunies *sous une seule idée collective*, directement ou indirectement désignée par le nom de ce genre.

Ainsi, le *nom d'un genre* désigne directement ou indirectement *une échelle*, composée des différens degrés de la qualité qui constitue le genre; échelle qui a son *maximum*, son *minimum*, son *degré moyen*, ou *medium*, et ses degrés intermédiaires; définitions qu'on doit appliquer à tous les termes qualificatifs, aux substantifs abstraits, aux verbes, aux adverbes, etc. exprimant des modes, actifs, passifs ou neutres, ou des modes de modes, etc.

Cela posé, étant donnée une qualité appartenante à tout un genre, et dont j'entrevois la *forme* (ou raison nécessaire et suffisante); si je vois que cette forme présumée se trouve au maximum dans les sujets où la qualité à définir est au maximum (*et vice versâ*), et au minimum dans ceux où celle-ci est au minimum (*et vice versâ*); j'en conclus que la première est la véritable forme.

Car la propriété que cette qualité présumée être la forme, a de produire, *lorsqu'elle est à son maximum*, le *maximum de la qualité à définir*, prouve que son *efficacité*, à cet égard, ne dépend pas de sa *petite quantité*. La propriété qu'elle a de produire, *lorsqu'elle est à son minimum*, le *minimum de la qualité en question* prouve que son *efficacité*, à cet égard, ne dépend pas non plus *de sa grande quantité*. Et les deux espèces de faits réunies prouvent en général que son *efficacité*, au même égard, ne dépend pas de sa *quantité*, mais de sa *nature*, de son *espèce*.

De plus, ces deux espèces de faits, réunies avec les réciproques, prouvent que cette qualité présumée être la forme de la qualité à définir, est en effet sa *raison nécessaire et suffisante*, c'est-à-dire, sa *véritable forme*. Car, si elle n'étoit pas *cause suffisante*, mais seulement *cause nécessaire* et *concourante* de la qualité en question, son maximum ne produiroit pas le maximum de cette qualité, mais tout au plus quelque degré inférieur : et le minimum de la première ne pourroit produire la dernière, même au plus foible degré. Enfin, si elle n'en étoit pas la *raison nécessaire*, la qualité en question paroîtroit quelquefois sans elle ; ce qui est contre l'hypothèse.

Ensorte que cette même forme, qui, dans les exemples *ostensifs*, ou de *maximum*, a été d'abord apperçue, les exemples *clandestins*, ou de *minimum*, où elle est *moins sensible*, servent ensuite à la *vérifier*, à la *confirmer*, à la *généra-*

liser, c'est-à-dire, à prouver qu'elle appartient *à tout le genre* directement ou indirectement désigné par le terme général, qui est le sujet de la proposition à établir (soit nom commun, soit terme qualificatif, soit substantif abstrait, etc.)

On prouveroit de même qu'une qualité appartient à tout un genre; car dire qu'une qualité est inhérente à tout un genre, et commune à toutes ses espèces, c'est dire que la qualité qui constitue le genre, ou ce que toutes ses espèces ont de commun, est cause essentielle, forme, ou raison nécessaire et suffisante de cette qualité.

Or, cette règle que nous donnons pour vérifier une *cause formelle*, doit être appliquée aux *causes matérielles* et *efficientes*; car on ne vise pas toujours à un but aussi élevé que celui de notre auteur.

Enfin cette même règle, qui a pour objet la *vérité* ou la *réalité des effets d'une cause*, suffit également pour démontrer la *bonté*, l'*utilité* de ses *effets*; et *deux espèces de faits* suffisent également pour démontrer qu'une chose, substance ou mode, est *bonne, toto genere* (dans tout son genre ou tous ses degrés).

Car, si elle est *bonne au maximum*, cette *bonté* ne dépend donc pas de *sa petite quantité*: si elle est *bonne* au *minimum*, cette *bonté* ne dépend donc pas de *sa grande quantité*. Enfin, si elle est *bonne, tant dans son maximum que dans son minimum*, sa *bonté* ne depend donc pas de sa *quantité*, mais de sa *nature*, de son *espèce*.

Cette manière d'établir une proposition générale en la démontrant du *maximum* et du *minimum* du genre qui est son sujet, a le triple avantage d'être *sûre*, *précise* et *pittoresque*. Puis, la proposition générale étant *solidement établie* par cette méthode inductive ou analytique, on peut ensuite la développer par la voie synthétique, *qui résout en leurs espèces et sous-espèces les genres désignés par son sujet et par son attribut;* et déduire, par cette voie, une infinité de propositions particulières, dont les sujets se trouveront compris entre les limites marquées par ce maximum et ce minimum : ces propositions seront l'expression de faits nouveaux, qui, étant situés entre ces faits extrêmes, n'auront pas été nécessaires pour établir le principe, et elles fourniront de nouvelles explications, de nouveaux pronostics et de nouvelles règles.

Mais, pour établir *une proposition universelle négative, deux espèces de faits ne suffisent plus;* il en faut *trois*. Car la qualité, ou l'effet en question, peut dépendre *d'une certaine médiocrité dans la quantité du mode*, qui est regardé comme *sa cause essentielle* ou *sa forme;* et alors ce qui ne seroit vrai ni *du maximum* ni *du mini-*

mum du genre qui est le sujet de la proposition générale, le seroit du *medium* ou *degré moyen*. Et de cette nature sont presque toutes les propositions de l'ordre moral et de l'ordre physique, qui se rapportent au bonheur et à l'utilité de l'homme. Par exemple, il faut au moins trois espèces de faits pour prouver qu'une chose, substance ou mode, n'est pas bonne, ou, ce qui est la même chose, qu'elle est mauvaise à tous ses degrés; car il n'y a pas de milieu. Il est mille choses qui, étant mauvaises dans leur excès et leur défaut, ne sont bonnes que dans leur degré moyen. Tels sont les talens, les vertus, les alimens, les exercices du corps et de l'esprit; en un mot, tous les moyens nécessaires ou utiles à notre conservation ou à notre bien-être. Ainsi, ce seroit mal raisonner que de conclure de ce qu'une chose est mauvaise dans son maximum et son minimum, qu'elle l'est aussi à son degré moyen; il faudroit encore faire voir qu'elle l'est à ce dernier degré.

Ce n'est pas tout : quelquefois *une seule espèce de faits* suffit pour prouver *qu'une qualité appartient à tout un genre*. Si la qualité en question se trouve dans le minimum d'un genre, à plus forte raison se trouvera-t-elle dans les degrés supérieurs. Ainsi, les exemples *clandestins* suffisent pour prouver qu'une qualité est dans tout un genre. Par exemple, si la force attractive se trouve dans les fluides mêmes qui n'en paroissent pas susceptibles, et dont les parties semblent être toutes incohérentes, à plus forte raison se trouve-t-elle dans les solides où la cohésion des parties est manifeste, et l'on peut croire que cette force est commune à toutes les parties de la matière.

De même, si le minimum d'une cause suffit pour produire tel effet, à plus forte raison son maximum et même ses autres degrés seront-ils suffisans pour le produire; et ces faits de minimum suffiront quelquefois pour prouver l'efficacité d'une cause, ou du moins pour préparer la preuve complette.

Au contraire, si telle cause, même lorsqu'elle est à son maximum, ne suffit pas pour produire tel effet; à plus forte raison, lorsqu'elle est à ses autres degrés inférieurs, et sur-tout à son minimum, est-elle insuffisante pour le produire.

Le maximum et le minimum de chaque genre se montrent réciproquement; et l'un démontre les effets de tout le genre, annoncés par l'autre. Les maximum sont nécessaires aux esprits vulgaires pour découvrir les causes, et les minimum suffisent aux esprits pénétrans pour faire cette découverte.

Telle cause, à son maximum, disent les premiers, produit tel effet à un degré marqué; il est donc probable qu'à ses autres degrés sensibles elle le produira encore à d'autres degrés également sensibles. Telle cause, à son minimum, disent les derniers, produit tel effet; que seroit-ce donc si elle étoit à des degrés supérieurs, et sur-tout à son maximum?

Où vas-tu? crioit-on à Peretti de Montalte, lorsqu'il abandonna ses pourceaux pour paître ses ânes. *Je vais être pape*, répondit-il, et soixante ans après il le fut, parce que durant soixante ans il voulut l'être. *Comment vous y prîtes-vous pour découvrir le vrai système du monde*, disoit-on au grand Newton? *En y pensant fort souvent*, murmura-t-il. Il ne faut pas des exemples moins sensibles ni moins frappans pour faire sentir au troupeau des esprits ordinaires, le pouvoir immense de l'unité de but et de la continuité d'action.

Mais, si nous parlions à des esprits plus pénétrans, nous raisonnerions ainsi sur un autre sujet. *La fragilité* d'un vaisseau de verre est *proportionnelle à la promptitude* avec laquelle on le fait *refroidir*, après l'avoir fabriqué. Ainsi, sa *malléabilité*, qualité *diamétralement opposée à la fragilité*, est en raison directe de la *lenteur* de son *refroidissement*, ou du *temps* qu'on emploie à le faire *recuire*. Il est donc probable que, si on le faisoit *refroidir avec une extrême lenteur*, ou *recuire* pendant un *temps extrêmement long*, par exemple, pendant plusieurs jours, à l'aide d'une espèce de petite galerie couverte qui communiqueroit avec le fourneau de verrerie, on retrouveroit peut-être le *verre malléable* *.

Avantages des preuves négatives. Cette note se rapporte à la fin du XVe. *aphorisme de la seconde partie.* Pour établir solidement *à posteriori*, et par *la voie de l'induction ordinaire*, une proposition générale affirmative, il faudroit être en état de prouver que son attribut convient *à toutes les espèces du genre* qui est son *sujet*; et pour pouvoir démontrer cela, il faudroit d'abord pouvoir *dénombrer toutes ces espèces.* Or, il est impossible de faire l'*énumération complette de toutes les espèces*, présentes, passées, futures et possibles, *d'un genre*. Il est donc *impossible* de démontrer *à posteriori*, et *par l'induction vulgaire*, une *proposition générale*.

Nous avons, il est vrai, prouvé, dans la note précédente, qu'on peut établir solidement une proposition générale, en faisant voir que *son attribut convient* au *maximum* et au *minimum* du *genre* qui est son *sujet*. Mais on ne trouve pas toujours sous sa main de tels faits; et ceux qui

---

* Je n'y vois plus qu'un inconvénient, c'est que ce ne seroit plus du *verre*, sur-tout si cette substance, ainsi transformée, perdoit sa transparence, comme on doit s'y attendre, vu que la plupart des corps *transparens* sont *fragiles*.

peuvent servir de base aux preuves négatives, sont beaucoup plus communs.

Enfin, en employant les preuves positives du genre le plus connu, on n'est presque jamais assuré d'avoir fait entrer dans ces raisonnemens, quelquefois fort composés, *toutes les considérations nécessaires*, de n'y avoir admis aucune proposition *fausse* ou *douteuse*; enfin, de n'avoir *déduit*, de *propositions vraies*, aucune *conséquence fausse*; au lieu que nous sommes presque toujours maîtres de donner des preuves négatives et de vraies démonstrations en ce genre.

Car donner une preuve négative, c'est faire voir qu'il est impossible que ce qu'on affirme ne soit pas tel qu'on le dit; que si cela n'étoit pas vrai, ce que nous connoissons le mieux ne pourroit être, que la contradictoire de la proposition qu'on soutient, est diamétralement opposée à des propositions connues et incontestables. Or, pour s'assurer que deux propositions sont contradictoires, et qu'une supposition n'est pas conforme à la réalité des choses, on n'a pas besoin de faire des énumérations complettes, puisqu'alors il ne s'agit pas de rien dénombrer. Pour prouver une contradiction, c'est assez d'un seul fait; et de toutes les espèces de relations, les rapports d'opposition sont ceux que nous saisissons le mieux.

Ainsi, la meilleure méthode pour démontrer une

proposition générale affirmative, c'est de démontrer la fausseté de sa contradictoire, en faisant voir que celle-ci est en contradiction manifeste avec les vérités les plus connues, et continuellement vérifiées par l'expérience.

Il est inutile de donner ici des exemples de cette méthode que nous avons suivie dans un grand nombre de notes; comme dans celles où nous avons fait voir *qu'il est impossible que tous les corps ne soient pas intimement pénétrés d'un fluide très subtil et composé de tous les élémens; que tout l'espace soit entièrement plein; qu'il n'y ait pas des forces répulsives aussi universelles que les forces attractives; que la lune, et même que toutes les planètes, tous les soleils, n'agissent pas sur le corps humain; que le fluide vital n'agisse pas du moins à une petite distance d'un corps animé*, etc.

Sur les proportions et les progressions naturelles. Cette note se rapporte aussi aux aphorismes XIII, XXIV et XXV de la seconde partie. Ce qui fait que les *proportions et les progressions naturelles* ne ressemblent pas aux proportions et aux progressions géométriques, c'est que les premières *ne sont pas simples;* c'est-à-dire, *des assemblages de raisons simples*, mais des *assemblages de raisons composées.*

Chaque cause efficiente, quant à elle-même et

à son action propre, a, toutes les circonstances et toutes les conditions restant les mêmes et au même degré, des effets qui lui sont géométriquement proportionnels. Mais cette cause a besoin de certaines conditions pour exercer son action. Or, ces conditions ne croissent et ne décroissent pas toujours, ou plutôt ne croissent et ne décroissent presque jamais, en même raison que la cause. Les unes croissent en plus grande raison, les autres en moindre raison; d'autres décroissent, tandis qu'elle croît; d'autres, enfin, croissent, tandis qu'elle décroît; et, pour tout dire en deux mots, les unes croissent en raison directe, les autres en raison inverse de cette cause.

De l'effet composé de toutes ces conditions combinées avec la cause, résulte une proportion ou progression composée et mixte, semblable aux proportions ou progressions géométriques, quant à ses élémens, et différente quant à son tout. Car chaque cause, ou chaque condition, considérée d'une manière isolée, a, lorsqu'elle est double, triple, quadruple, etc. un effet double, triple, quadruple, etc.

Si donc on pouvoit analyser l'action de chaque cause assez exactement pour pouvoir déterminer ce qui lui est propre, et ce qui appartient à chacune des conditions qui provoquent et favorisent, ou empêchent et gênent son action, on verroit que la proportion ou la progression relative à chacune de ces causes et conditions élémentaires, est une proportion ou progression géométrique simple; et que la proportion ou progression relative à leur combinaison, n'est qu'un composé de ces proportions ou progressions simples et géométriques.

Ce qui fait qu'il est quelquefois difficile de démêler dans un sujet l'effet propre de chaque cause et de chaque condition, c'est que la cause efficiente, en augmentant ou diminuant elle-même les conditions qui favorisent ou gênent son action, augmente ainsi l'effet de cette action, ou se fait obstacle. Or, comme l'effet propre de la cause et celui des conditions sont simultanées, il est difficile de les observer séparément.

D'ailleurs, nous ne pouvons observer les corps que dans leur composition, parce que les sens, à l'aide desquels nous les observons, et le *sensorium* commun, sont eux-mêmes composés : par exemple, l'*œil* est une sorte de *première lunette achromatique* *, *composée de trois verres*, dont le

---

* Il paroit même que les *lunettes achromatiques* inventées par Dolond, opticien anglois, ne sont originairement *qu'une imitation de l'œil humain*, où la lumière, après avoir subi trois réfractions, dont les effets se compensent réciproquement, est *sans couleur*, lorsqu'elle vient frapper la partie sensible de cet organe.

foyer postérieur, pour les objets médiocrement éloignés, est à la partie sensible de cet organe, l'œil intérieur se trouvant précisément à ce foyer : on peut aussi le regarder comme une *chambre noire à triple objectif.* Or, cet instrument et la partie qui perçoit, sont fort composés; et nous ne pouvons arriver *au simple*, qu'à la lumière de notre *raison* et à l'aide *du fil de l'analyse*, comme l'observe notre auteur dans le chapitre même que nous commentons et suppléons.

Notre auteur observe (aphorisme CX de la première partie) qu'il est beaucoup de découvertes que les hommes auroient pu faire dès les premiers siècles, s'ils eussent un peu plus regardé autour d'eux, mais qui ont échappé à leurs yeux inattentifs, quoiqu'elles fussent, pour ainsi dire, à leurs pieds. Nous ne connoissons point d'exemple qui puisse mieux que le suivant, démontrer cette vérité.

Supposons qu'on propose à nos plus savans méchaniciens ce problème : *inventer une machine par le moyen de laquelle un poids puisse être transporté d'un point quelconque A à un autre point quelconque B, sans autre moteur que lui-même,* ils seroient fort embarrassés; cependant rien n'est plus simple que la solution de ce problème.

Soit le point A, une *calle*, un *embarcadaire*, en un mot, un lieu d'*embarquement* et de *débar-*

quement au bord de la *mer* ou d'une *rivière;* et le point B, un magasin éloigné de 100 pieds du point A, et à la porte duquel il faille transporter des marchandises; par exemple, des balles de toile déchargées sur cette cale.

Du point A au point B j'établis un plan incliné composé de deux files de planches fort épaisses, placées de champ, parallèles entr'elles, également inclinées à l'horizon, et assemblées bout à bout avec assez de justesse, pour que la ligne qui rase le bord supérieur de chaque file, soit aussi droite qu'il est possible.

Soient aussi deux roues, égales en tout, fort épaisses, dont la circonférence soit creusée comme celle d'une poulie, mais un peu profondément; que ces deux roues soient fixées, à quarré, sur un arbre ou essieu parallèlement entr'elles, et à telle distance l'une de l'autre, qu'étant placées sur les deux files de planches qui forment le plan incliné, elles puissent tourner avec facilité vers le haut ou vers le bas de ce plan, moyennant la double gorge qui les guide, et qui les empêche d'en sortir; enfin, qu'une des extrémités de cet axe déborde l'une des deux roues d'environ un pied.

Actuellement je me place vis-à-vis et fort près de cette roue, ayant à ma droite le magasin, et par conséquent le haut du plan incliné. Je fixe sur la partie excédante de l'essieu et fort près de la roue, l'extrémité d'une corde ; je lui fais faire plusieurs tours sur cet essieu, en tournant de droite à gauche, et je laisse pendre du côté qui regarde le haut du plan incliné, le bout de cette corde qui porte un crochet de fer.

J'*élingue* une balle de toile dans le bateau rangé près de la calle (*élinguer* une balle, une barique, etc. c'est passer sous ce fardeau une corde doublée et nouée par ses deux extrémités, puis passer une de ses extrémités à travers l'autre (qui, étant double, présente une espèce de boucle), afin de former un nœud courant pour serrer fortement le fardeau, et de manière que l'excédant de cette corde forme aussi une boucle qu'on peut ensuite accrocher où l'on veut) : cela posé, la balle ayant été déchargée sur la calle au pied du plan incliné où se trouvent aussi les deux roues, je la suspends au crochet qui termine la corde mise sur leur axe commun ; comme la balle ainsi placée se trouve du côté qui regarde le haut du plan incliné, il est clair qu'en agissant par son poids sur cette corde, elle fera tourner l'essieu, et en même temps les deux roues qu'il porte, vers le haut de ce plan ; que *la balle se transportera elle-même vers le magasin, sans autre moteur que son propre poids* ; et que, si le rapport du diamètre de l'essieu au diamètre des deux roues est tellement proportionné à l'inclinaison du plan, que la quantité dont les roues éleveront le poids en faisant un tour entier, soit précisément égale à la quantité dont ce poids se sera abaissé en faisant faire aussi un tour entier à l'essieu, et en dévidant une partie de la corde égale à ce tour, le poids, en avançant vers le magasin, restera toujours également élevé au-dessus du terrain, si ce terrain est parfaitement uni.

Or, voici cette proportion : il faut que *le diamètre de l'essieu soit à celui des deux roues, pris en dedans de leurs gorges, comme le sinus de l'angle d'inclinaison du plan est au rayon, ou sinus total.*

Car, si l'angle d'inclinaison du plan est, par exemple, de 14 degrés 30 minutes; le diamètre de chaque roue, de 4 pieds; celui de l'essieu, d'un pied; et celui de la corde, d'un pouce; cette corde fera environ 8 tours sur la partie excédante de l'essieu, et n'en couvrira que 8 pouces; les roues, en faisant un tour entier, parcourront un peu plus de 12 pieds sur le plan incliné; le poids avancera presque d'autant vers le magasin : après 8 tours, les roues seront au haut du plan; et le poids, à la porte du magasin (je prends des nombres ronds pour épargner au lecteur les fractions). Alors, pour peu qu'un homme pèse sur la corde, il fera descendre le poids jusqu'à terre, et pourra aisément décrocher l'élingue.

Puis, comme les deux roues, débarrassées du

poids, redescendroient beaucoup trop vite, il mettra sur le crochet un petit poids (par exemple, un petit seau, un petit panier rempli de cailloux, dont il pourra augmenter ou diminuer le nombre à volonté). Et même on pourroit y laisser toujours ce petit poids; parce qu'en montant, il accéléreroit le mouvement des roues; et en descendant, le ralentiroit. Le bas du plan incliné pourra être garni de quelque matière molle, pour amortir le coup que donneront les roues à la fin de leur descente, et les ménager d'autant.

Je n'ai pas besoin d'ajouter que ce poids se transporteroit de même à la distance de 500, de 1000 pieds, etc. que ce même moyen pourroit être employé pour fournir de l'eau à des lieux élevés, etc. il suffira d'avertir que l'inclinaison du plan ne doit pas être fort grande. Celle de 14 degrés 30 minutes, dans le cas supposé, le seroit un peu trop; car le sinus de cet angle étant à peu près égal à $\frac{1}{4}$ du rayon, l'extrémité la plus élevée du plan le seroit de 25 pieds au-dessus du rez-de-chaussée; ce qui seroit gênant; sans compter que les roues glisseroient vers le bas du plan, à moins que le limbe supérieur des planches, et les gorges des deux roues, ou poulies, ne fussent un peu dentelées. Je n'ai choisi ce nombre de $14\frac{1}{2}$ que pour la commodité du calcul et la facilité de l'explication.

L'idée originale qui est la base de cette invention, appartient au citoyen *Deforges* *, homme aussi modeste et aussi gracieux qu'inventif; idée moins imposante, mais plus utile et plus neuve que celle des *montgolfières*, des *aérostats*, etc.

Les deux notes suivantes se rapportent à la totalité du *Novum Organum*; savoir : la première, à la partie négative ; et la dernière, à la partie positive.

I. *Tous nos jugemens* sur les hommes et les choses *doivent être mêlés de louange et de blâ-*

---

* Le citoyen Deforges est aussi possesseur d'une sorte d'élixir d'une toute autre utilité que sa machine; c'est un parfait anti-spasmodique. Il nous proposa d'en faire l'épreuve; nous ne la fîmes qu'avec la plus grande défiance, cet honnête homme nous paroissant quelque peu entaché d'alchymie. Mais l'épreuve faite (épreuve, d'ailleurs, fort agréable), nous avons été forcés de changer de sentiment. A toutes les objections médicales, intéressées, et très peu *anti-spasmodiques*, qu'on pourroit nous faire à ce sujet, nous répondrons par ce mot qui est sans réplique : *essayez*; et nous oserons dire que le héros qui nous commande mettroit le comble à ses bienfaits envers nous, et à sa gloire si justement acquise, si, par des récompenses utiles et honorifiques, faisant une sainte violence au citoyen Deforges, il le contraignoit de rendre publique sa découverte. Car, s'il est beau de foudroyer cent ennemis, il est cent fois plus beau de sauver un ami, c'est-à-dire, un citoyen, un homme quelconque.

me, *comme tout ce que nous jugeons est mêlé de bien et de mal ; pourquoi vouloir juger de face le visage qu'on n'a vu que de profil ?* La cause essentielle ou la *forme* de la plupart des erreurs ou des équivoques, est *de prendre la partie pour le tout, et d'attribuer à ce tout qu'on ne connoît pas, ce qui ne convient qu'à la partie qu'on connoît ;* ou, si l'on connoît suffisamment le tout, d'attribuer à ce tout qu'on n'envisage pas complettement, ce qui ne convient qu'à telle de ses parties qu'on envisage : genre de sophisme dont la cause la plus ordinaire est ou la paresse, qui, allant au plutôt fait, veut tout savoir en devinant de fort loin ce qu'il faudroit prendre la peine d'observer de fort près ; ou une passion plus active, qui fait que, s'attachant trop à certaine partie qui plaît ou déplaît excessivement, on veut juger du tout par la considération de cette seule partie qui frappe l'imagination.

C'est parce qu'on s'occupe trop d'une partie de son corps, qu'on est *mal sain*.

C'est parce qu'on s'occupe trop de soi, qu'on est *vicieux*.

C'est parce que le prince *ou* le magistrat s'occupe trop de lui-même et des siens, que *l'état est mal gouverné*.

C'est parce que telle partie de l'Europe s'occupe trop d'elle-même, ou en occupe trop les autres, que l'Europe est en feu. Mais c'est sur-tout dans le corps politique de chaque nation que se fait le plus vivement sentir la terrible maladie dont nous parlons, dont toutes les sociétés humaines sont atteintes, et dont elles ne pouvoient se garantir que par la considération et la pratique perpétuelle de cette grande maxime : *la patrie est un tout dont nous ne sommes que les parties, et la meilleure de ces parties c'est celle qui ne se prend jamais pour le tout; la pire est celle qui veut dominer, et qui, au lieu de se faire l'instrument du tout, veut faire de ce tout son instrument.*

Ainsi, et les erreurs, et les maladies, et les vices, et la fausse politique, et les plus grands maux, n'ont qu'un seul et même principe, qu'une seule et même source ; *l'égoïsme d'une certaine partie du tout, qui tire tout à elle*, soit *toute l'attention*, soit *toute l'action ;* et il existe une relation étroite, une dépendance mutuelle entre la *sagesse* des *jugemens* et la *droiture* des *intentions;* la *justesse* de *l'esprit* et la *justice* du *cœur* dérivant l'une de l'autre. Par cela même que l'homme *vertueux*, voulant être *juste*, embrasse *la totalité* de *la personne* ou de *la chose* qu'il juge, et de *la société* à laquelle il la rapporte; il est *sage* dans ses jugemens. Et l'homme *sage*, par cela seul que, voulant être *exact*, il embrasse *le tout*, et dans la *personne* ou la *chose* qu'il juge, et dans *la société* par rapport à laquelle il l'apprécie, est *juste* dans ses jugemens.

Nous avons dit indifféremment la cause des *erreurs* ou des *équivoques* et des *disputes*, vu que le plus souvent les unes et les autres n'ont qu'un même principe et qu'une même source. C'est parce que, de deux interlocuteurs (soit individus, soit sociétés) le moins sage s'attache uniquement à une certaine partie du sujet de la question, en faisant abstraction des autres parties qu'il devroit aussi considérer, tandis que le plus sage embrasse le tout, que le premier étant dans l'erreur, tandis que le dernier saisit la vérité, ils ne s'accordent pas. Et c'est parce que les sages, en chaque question, embrassent la totalité du sujet, tandis que les fous s'attachent, les uns à une partie, les autres à une autre, que les fous disputent sans cesse, et que les sages sont toujours d'accord. Dans toute question, chaque partie du sujet prise pour le tout, donnant lieu à une erreur, il y a autant d'erreurs possibles et différentes, que ce sujet a de parties distinctes qui peuvent être ainsi prises pour le tout. Mais le tout est un ; la vérité qui est dans la considération de ce tout, est également une ; et c'est dans cette vérité que coïncide toute sagesse.

Manière de limiter les principes et les règles ;

pourquoi toutes nos règles ont des exceptions; méthodes pour les faire disparoître. Cette note se rapporte au XVe. aphorisme de la seconde partie, et spécialement à ces mots : *si l'esprit tente cette opération dès le commencement,..... nous n'aurons que des principes défectueux qu'il faudra corriger à chaque instant, etc.* et aux aphorismes XXVIII et XXIX. Les mêmes causes, au même degré, toutes les circonstances et conditions restant les mêmes et égales, auront toujours les mêmes effets.

Mais, 1°. les circonstances ne sont pas toujours les mêmes ; souvent telle cause dont l'effet le plus ordinaire est bien connu, se trouvant combinée dans un sujet avec d'autres causes qui la combattent et qui lui sont égales ou supérieures, n'a pas *actuellement son effet;* ou cet *effet* n'est *pas sensible*, quoique la cause le soit encore; et alors l'on donne ces cas comme des *exceptions;* c'est-à-dire, comme des faits qui prouvent que cette cause n'a pas toujours l'effet que lui attribue le principe qui l'énonce (ou ne mène pas toujours au *but* auquel on tend, par le *moyen* qu'énonce la *règle* répondante à ce *principe*).

Cependant, quoique l'effet de cette cause ne soit pas *actuel* et *sensible*, il n'en est pas *moins réel*, ni même *moindre;* et quoique l'*acte* n'ait pas lieu, la *tendance* demeure *toute entière*. Dans de telles combinaisons, tandis que l'effet propre, direct et positif de la cause en question est détruit, elle diminue d'autant l'effet contraire que ces causes tendent à produire. Or, qu'elle produise son effet propre et direct, ou qu'elle diminue d'autant l'effet contraire, c'est, quant à son *efficacité*, précisément la même chose. Par exemple, supposons deux corps mous, A et B, qui se choquent directement, et selon des directions diamétralement opposées, avec des quantités de mouvement inégales, A allant vers l'occident, B vers l'orient, et A étant le plus fort. Cela posé, toute la quantité de mouvement de B sera détruite * par le choc; et après le choc, A et B iront ensemble vers l'occident avec une vitesse commune égale au quotient de l'excès de la quantité du mouvement initial de A sur celle du mouvement initial

---

* Du moins, c'est ce que disent les physiciens ordinaires, qui ne s'avisent jamais de douter de ce qu'ils disent toujours. Mais il se pourroit qu'à notre insu, ce mouvement, qui paroit détruit par le choc, se communiquant à ce fluide dont tous les corps sont intimement pénétrés (fluide dont nous avons démontré l'existence), puis aux portions extérieures et environnantes de ce même fluide, il n'y eût réellement aucun mouvement de perdu; et que le mouvement, une fois imprimé à la matière, subsistât éternellement et dans sa totalité. Si cette conjecture, qui n'a rien d'absurde, étoit fondée, la machine de l'univers n'auroit pas besoin de remontoire;

de B; à ce quotient, dis-je, divisé par la somme des deux masses.

Dira-t-on ici que l'effet du mouvement de B est nul, parce qu'au lieu de mouvoir actuellement A vers l'orient, comme il tendoit à le faire, il est mu lui-même vers l'occident? Non, sans doute: B tend à mouvoir un autre corps vers l'orient, si son action est libre; ou, si son action n'est pas libre, à diminuer de toute sa propre quantité de mouvement, celle d'un corps qui tend à se mouvoir vers l'occident, et qui vient à sa rencontre; à produire son effet propre, ou à diminuer d'autant l'effet contraire.

De même, supposons un homme qui soit très avare; c'est-à-dire, qui le soit presque toujours, et qui souhaite de pouvoir toujours l'être. Si, dans une certaine occasion, la vanité de cet homme est exaltée par les regards d'une multitude de spectateurs, ou de tout autre témoin qu'il estime; par exemple, d'une femme à qui il veuille plaire, il pourra faire un acte de générosité. Dira-t-on, à cause de cet acte, qu'il n'est pas avare? Non; dans ce cas où la vanité A l'emporte, et où l'avarice B, qui semble dormir, n'a pas sensiblement son effet, cette avarice n'en est pas moins réelle. Il sera *ordinairement* moins libéral, dans ces occasions d'apparat, que s'il n'eût pas été habituellement avare, ou il le sera moins sincèrement.

Car être libéral, ce n'est pas donner beaucoup, mais donner avec beaucoup de plaisir ce qu'on peut donner; c'est être habituellement disposé à se payer soi-même de cette joie qu'on fait rayonner sur le visage d'un infortuné ; disposition qui, en se manifestant d'une manière très sensible à celui qui reçoit, augmente et sanctifie le don. En un mot, l'avarice aura toujours son effet dans l'homme dont nous parlons; savoir, celui de diminuer l'effet de la vanité. J'ai dit *ordinairement*, parce qu'en certain cas l'affectation de la libéralité produit la prodigalité; et l'avarice ne se décèle pas moins par la profusion que par la lésine.

Il en faut dire autant d'un homme naturellement libéral, qu'une extrême pauvreté oblige d'être très économe, et que cette économie forcée fait paroître avare.

2°. Il y a des causes qui, au minimum et au degré moyen, ont leur effet propre et direct, mais qui, au maximum, ne l'ont plus. Car chaque cause a besoin de certaines conditions pour exercer librement son action, et produire sensiblement tout son effet. Or, comme nous le disions dans la note précédente, ces conditions n'augmentent pas toujours en même raison que la cause : quelquefois elles décroissent tandis que la cause augmente ; souvent même la cause efficiente, par cela seul qu'elle croît, diminue ces conditions en plus grande raison ou proportion qu'elle n'augmente, se fait ainsi obstacle à elle-même, et s'empêche de produire sensiblement tout son effet.

Par exemple, l'effet propre et direct de la chaleur, est de *dilater* et de *raréfier* le sang, de le rendre plus fluide, et de faciliter tous nos mouvemens en les accélérant ; de *mettre*, pour ainsi dire, *de l'huile à nos pivots* : comme nous l'éprouvons au printemps, à mesure que le soleil s'élève sur l'horizon, et que son action augmente. Mais, passé un certain point, cette chaleur, devenue excessive, dilatant le sang plus qu'il ne faut, produit une *pléthore* qui distend tous les vaisseaux sanguins (sur-tout ceux du cerveau, où est l'origine de la plupart des nerfs, et le principe de la plupart des mouvemens); rend ainsi ces mouvemens plus difficiles, plus lents (et *plus foibles*, la fibre devenue plus lâche et l'air devenu moins dense, moins élastique, réagissant avec moins de force), comme on l'éprouve durant l'été, et sur-tout durant la canicule. De plus, cette grande chaleur chasse au dehors la partie aqueuse du sang, ou, si l'on veut, sa partie séreuse, nécessaire pour entretenir sa fluidité : les globules rouges qui nagent dans cette sérosité, et qu'elle tenoit écartés les uns des autres, se rapprochent, et le sang s'épaissit ; ce qui rend les mouvemens encore plus lents et plus difficiles, *en rouillant*, pour ainsi dire, *les pivots*. Mais cela n'empêche pas que l'effet propre, direct et immédiat de la chaleur ne soit de rendre le sang plus fluide, en le dilatant; et les mouvemens plus faciles, en les accélérant.

Ces cas si fréquens, où l'excessif *accroissement* d'une cause diminue et détruit même son effet sensible, donnent lieu à bien des équivoques, et empêchent souvent de démêler les véritables causes d'un effet proposé, ou les vrais effets d'une cause donnée. Ce sont ces méprises et ces équivoques qui ont donné naissance à cette maxime proverbiale : *il n'y a point de règle sans exception;* maxime qu'on peut établir ainsi : une *règle* est l'énoncé d'un *moyen* simple ou collectif, tendant à un certain *but;* ou, comme nous le disions plus haut, l'expression, active ou *pratique*, d'un *principe* énonçant la *cause* qui, dans la *théorie*, répond à ce *moyen*, et qui produit l'*effet* répondant à ce *but*. Or, (*à l'exception de la cause première*) il n'est point de cause qui, dans son action, n'éprouve de fréquens obstacles, c'est-à-dire, qui ne soit souvent combattue par les causes contraires, ou qui ne se fasse souvent obstacle à elle-même. Il n'en est donc point qui ait toujours un effet sensible. Or, les exceptions sont les indications des cas où les causes énoncées par les principes, n'ont pas leur effet sensible, et où les moyens énoncés par les règles ne mènent pas sensiblement aux buts indiqués. Il n'est donc point de principe, ni par conséquent de règle, qui n'ait ses exceptions. Mais ces exceptions n'existent que pour ceux qui s'en tiennent aux premières apparences, et qui ne poussent pas assez loin l'analyse, pour pouvoir démêler l'effet propre et direct de chaque cause.

Pour être dispensé de faire des exceptions, il faut toujours considérer l'effet propre de chaque cause : celui qu'elle tend à produire, celui qu'elle produit quand son action est manifestement libre, celui qu'elle produit immédiatement. Puis cet effet une fois reconnu, il suffira, dans les cas où l'action de la cause qu'on a en vue est masquée par celle de la cause contraire, de joindre à la règle qui énonce l'action de la première, une autre règle qui énonce l'action de la seconde. Mais, comme on n'apperçoit pas toujours ces causes dont l'action fait obstacle à celle des causes qu'on a en vue, il faut du moins indiquer vaguement les premières dans l'énoncé de chaque règle, c'est-à-dire, joindre à cet énoncé quelque expression qui montre la possibilité de ces obstacles.

Ainsi, le moyen de prévenir ces objections qui se tirent des exceptions mal analysées, et de prévenir aussi les équivoques qui naissent de ces exceptions, c'est d'ajouter à l'énoncé de l'effet propre et direct des causes, certaines expressions modificatives, et de s'exprimer à peu près ainsi : *toutes choses égales d'ailleurs et entre telles limites, telle cause a tel effet; telle cause a tel effet quand son action est libre. Telle cause tend toujours à produire tel effet; tel est l'effet propre, direct, positif et immédiat de telle cause.* Ces modifications, on devroit les sous-entendre dans tous les cas; mais, comme on ne le fait pas ordinairement, il vaut mieux les exprimer, pour prévenir les objections.

Tel est donc le résultat le plus clair de cette note : *toutes les règles mal énoncées ont des exceptions, et toutes les règles bien énoncées sont sans exception.* Ainsi, ce n'étoit pas sans fondement que notre auteur nous recommandoit de *limiter d'avance nos principes et nos règles*, afin de n'être pas ensuite obligé de les corriger à chaque instant, et de faire une infinité de distinctions pour les sauver; car le plus sûr moyen pour n'être pas obligé de réparer une sottise, c'est de ne pas la faire.

Pourquoi il faut préférer, dans la confection des principes, la méthode inductive ou à posteriori à la méthode synthétique ou à priori : deux manières de calculer les probabilités *. Soit un

---

* Voyez aussi la logique de Spravesande, qui a eu d'excellentes vues sur ce même sujet.

dé à six faces parfaitement égales en tout, en un mot, un dé parfait, etc. ces six faces étant égales en tout, chaque point est aussi probable que les autres; mais il est beaucoup moins probable qu'on amènera tel point, par exemple, le 6, qu'il ne l'est qu'on amènera un quelconque des cinq autres; et la probabilité d'un événement étant en raison directe du nombre des cas où il a lieu, et en raison inverse du nombre des cas où il n'a pas lieu, la probabilité d'amener le 6 en un seul coup, est à la probabilité de ne pas l'amener, ou d'amener une quelconque des cinq autres faces, comme 1 est à 5. Si l'on jette le dé six fois, on amènera une fois six; si on le jette trente fois, on amènera cinq fois le 6, etc.

Supposons actuellement une personne qui, ne sachant pas faire ce raisonnement et le petit calcul auquel il conduit, veuille savoir quelle probabilité il y a d'amener le 6 en un seul coup, elle y parviendra en jetant le dé un grand nombre de fois, et en comparant le nombre de coups qui auront amené le 6, au nombre de coups qui ne l'auront pas donné. Car le nombre de coups qui n'ont pas donné le 6, est au nombre de coups qui l'ont donné, comme la probabilité de ne pas l'amener en un seul coup, est à la probabilité de l'amener. Par exemple, si elle trouve que 6 coups le donnent une fois, 30 coups 5 fois, etc. elle en conclura, comme nous l'avons fait d'après le calcul, que la probabilité de ne pas l'amener en un seul coup, est à la probabilité de l'amener, comme 5 est à 1.

Actuellement supposons un dé ordinaire jeté par une main ordinaire, etc. les faces d'un dé réel ne sont jamais parfaitement égales; il y a donc toujours nécessairement quelque face prépondérante, et quelque point plus probable que les autres; savoir : celui qui se trouve sur la face diamétralement opposée à celle-là. Mais comment découvrir *à priori* ce point dans un dé ordinaire? c'est ce qui paroît tout-à-fait impossible; car, comment connoître toutes les causes et circonstances qui peuvent déterminer ce dé à tomber sur telle face plutôt que sur telle autre, et à présenter tel point plus souvent que tout autre; connoître, dis-je, le mode d'action de chaque cause, sa mesure, toutes les causes concourantes, leur influence réciproque, etc.? Nous sommes donc, par rapport à ce dé imparfait, ce qu'étoit la personne dont nous parlions, relativement au dé parfait que nous avons d'abord supposé ; c'est-à-dire, que, pour trouver la probabilité respective d'amener le 6 en un seul coup, avec ce dé, nous n'avons, comme elle, d'autre méthode que la méthode *à posteriori*, laquelle consiste à jeter ce dé un grand nombre de fois, et à comparer le nombre de coups qui auront donné le 6, avec le nombre de coups qui ne l'auront pas donné ; et à faire ensuite cette proportion, la probabilité d'amener le 6 en un seul coup, est à la probabilité de ne pas l'amener, comme le premier de ces deux nombres est au second. Si, en 60 coups, le 6 paroît 15 fois, en 120 coups 30 fois, etc. la probabilité d'amener le 6 en un seul coup avec ce dé individuel, est à la probabilité de ne pas l'amener, comme 1 est à 3. Il n'est point de joueur de tric-trac un peu exercé qui ne connoisse cette règle.

N. B. Qu'il vaut mieux chercher ces probabilités respectives dans un grand nombre de coups, que dans un petit nombre ; car, dans un grand nombre de coups, les causes et les circonstances accidentelles qui déterminent successivement les différens points, étant favorables, tantôt à un point, tantôt à un autre, et les effets respectifs de ces causes variables se balançant plus complettement, reste l'effet de la cause permanente qui rend tel point plus fréquent ; cause qui peut être le plus grand poids de la face inférieure, ou sa plus grande viscosité produite par la plus grande quantité de couleur qu'exige un plus grand nombre de trous à colorer, etc. d'où il suit que, dans ce grand nombre, on voit mieux la probabilité respective de ce point, laquelle naît de la constance même de cette cause.

Or, ce que nous disons des inégalités d'un dé, des causes qui le déterminent à présenter tel point plus souvent que tout autre, du nombre des jets et des points amenés, on peut le dire des différentes causes qui agissent en nous ou autour de nous, de leurs effets, et des événemens ou phénomènes qui peuvent servir à découvrir ces causes ou ces effets.

Si nous connoissions, dans chaque sujet, le mode et la quantité d'action de chacune des causes qui s'y combinent, toutes ces causes concourantes, leur influence réciproque, etc. nous serions en état de prédire toutes les variations de ce sujet; supposition qu'il faut appliquer à tous les composés et assemblages de composés, physiques, moraux, politiques, etc. Mais, comme nous n'avons pas ces connoissances, nous ne fondons nos explications, nos prédictions et nos règles, que sur des probabilités déterminées par la comparaison des nombres respectifs des événemens, c'est-à-dire, de nos observations et de nos expériences.

Etant proposés deux moyens de produire un effet souhaité, nous préférons celui des deux qui produit le plus souvent cet effet; et en général, nous appellons *cause* d'un effet le phénomène dont cet effet s'ensuit toujours ou presque toujours dans toute la diversité des circonstances; et nous sommes d'autant plus certains que le phénomène regardé comme cause est la véritable, que les événemens qui ont fait naître et ont vérifié cette conjecture, sont en plus grand nombre; puis, quand nous avons ainsi découvert la véritable cause, si nous revoyons cette cause, nous prédisons l'effet avec une probabilité proportionnelle au nombre de faits sur lesquels cette connoissance est fondée.

Mais, si nous sommes ainsi réduits à des probabilités plus ou moins fortes, c'est faute de connoître ou de suivre la vraie méthode; c'est parce que nous fondons sur le seul *nombre des faits*, sans égard à *leur choix*, des *principes* et des *règles* qu'il faudroit fonder plutôt sur le *choix* de ces faits, que sur leur *nombre*, comme l'auteur nous le recommande, et vient de le faire sous nos yeux.

En quoi précisément consistera l'avantage de ceux qui suivront, soit dans la théorie, soit dans la pratique, les méthodes indiquées par notre auteur, et celles auxquelles elles conduisent. Cette dernière note se rapporte à la totalité de l'ouvrage.

L'esprit le plus juste, le plus pénétrant et le plus étendu ne peut prédire avec certitude que certains événemens assez simples, dont les principales causes lui sont presque toutes connues; et encore ces événemens qu'il peut voir de loin, ne peut-il en prédire qu'une partie, parce qu'il n'a jamais une connoissance complette de toutes leurs causes.

Mais cette faculté qu'un homme prudent a de prédire (à l'aide des principes vrais qui l'éclairent, et des règles sûres qui le guident), du moins une partie de certains événemens, et qui manque à l'imprudent, doit avoir un effet ; car, de même qu'il n'y a point d'effet sans cause, il n'y a point non plus de cause sans effet ; et tout ce qui existe est *cause*: tout a sa raison suffisante, et est raison suffisante d'autre chose. Ainsi à la longue la prudence doit l'emporter sur l'imprudence, quoique celle-ci puisse être quelquefois favorisée par la fortune.

Il en est du grand jeu de la vie comme de tous ces petits jeux où la victoire dépend tout à la fois du hazard et de l'habileté des joueurs. L'expérience prouve qu'un joueur exercé, a un avantage manifeste sur un joueur novice ; cependant celui-ci peut, en certains cas, être si heureux, qu'il ait, par son bonheur, plus d'avantage sur son adversaire, que son adversaire n'en a sur lui par son habileté. Mais à la longue le maître l'emportera sur le novice, parce qu'à la longue, les chances bonnes et mauvaises se balançant à peu près, et la loi des sorts étant à peu près suivie, restera l'habileté du maître, cause permanente, qui augmentera pour lui la probabilité de gagner, et qui ne pourra être sans effet.

Dans un petit nombre d'événemens, le moins probable a quelquefois plus souvent lieu que le

plus probable ; mais, dans un grand nombre d'é-
vénemens, ce qui arrive le plus souvent, c'est le
plus probable. Or, comme, dans un certain nombre d'années, les circonstances qui varient sans
cesse, sont favorables, tantôt à l'un, tantôt à
l'autre, le succès de l'homme qui ne compte que
sur les circonstances est infiniment moins probable que le succès de celui qui, en demeurant in-
vinciblement attaché à des principes solides et à
des règles sûres, domine ainsi, et *fait* même quelquefois ces circonstances, dont l'autre est esclave ; car les circonstances ne sont pas des êtres,
mais certains modes des hommes et des choses,
que l'ignorance des uns livre à la science des
autres.

Ce qui nous empêche de reconnoître le pouvoir
immense qu'ont à la longue des règles sûres et
constamment suivies, c'est que nous n'avons pas
l'expérience de ces règles ni de leur effet, soit
que nous les ignorions, ou que, les connoissant,
nous n'ayons pas la force d'ame nécessaire pour
les suivre constamment. On se laisse dominer, tantôt par une passion, tantôt par une autre. Or,
quand les passions changent, les règles changent;
en changeant de caractère, on change de but : on
sort de la route et l'on y rentre, pour en sortir de
nouveau un instant après; on fait, en allant très
vite, très peu de chemin vers un but quelconque,

et on se laisse passer par celui qui, ayant pour mobile une passion constante, et étant dirigé par des règles fixes, va toujours au même but, sans s'arrêter et sans se presser.

Il est un art d'établir sa fortune et sa réputation, comme il est un art de bâtir une maison; et l'on bâtit aujourd'hui sa réputation ou sa fortune à peu près comme on bâtissoit autrefois l'une ou l'autre; ce qui prouve assez que cet art a des règles fixes. Une partie de ces règles ont été données dans le premier ouvrage; la méthode nécessaire pour trouver de soi-même les autres, est dans celui-ci; et vouloir les inventer sans cette méthode, ce seroit vouloir tracer une ligne droite sans faire usage d'une règle, ou un cercle sans le secours d'un compas.

Fin du Novum Organum et du sixième volume.

www.ingramcontent.com/pod-product-compliance
Lightning Source LLC
Chambersburg PA
CBHW050253170426
43202CB00011B/1669